Linguaggio Del Corpo

Come Leggerlo E Come Comunicare Il Messaggio Giusto

(Semplici Modi Per Comprendere La Comunicazione Non Verbale)

Ivan Rizzo

Traduzione di Daniel Heath

© **Ivan Rizzo**

Todos os direitos reservados

Linguaggio Del Corpo: Come Leggerlo E Come Comunicare Il Messaggio Giusto (Semplici Modi Per Comprendere La Comunicazione Non Verbale)

ISBN 978-1-989808-90-0

TERMINI E CONDIZIONI

Nessuna parte di questo libro può essere trasmessa o riprodotta in alcuna forma, inclusa la forma elettronica, la stampa, le fotocopie, la scansione, la registrazione o meccanicamente senza il previo consenso scritto dell'autore. Tutte le informazioni, le idee e le linee guida sono solo a scopo educativo. Anche se l'autore ha cercato di garantire la massima accuratezza dei contenuti, tutti i lettori sono avvisati di seguire le istruzioni a proprio rischio. L'autore di questo libro non potrà essere ritenuto responsabile di eventuali danni accidentali, personali o commerciali causati da un'errata rappresentazione delle informazioni. I lettori sono incoraggiati a cercare l'aiuto di un professionista, quando necessario.

INDICE

Parte 1 1

Importanza Del Linguaggio Del Corpo 2

LINGUAGGIO DEL CORPO COME ELEMENTO INTEGRALE DELLA
COMUNICAZIONE NON VERBALE 2
LA POSTURA DEL CORPO SERVE MOLTO ALLA COMUNICAZIONE 5
ANCHE I PICCOLI GESTI CONTANO 5

La Chimica Dietro Il Linguaggio Del Corpo 8

E' AMBIGUA LA COMUNICAZIONE NON VERBALE? 10
PER QUANTO RIGUARDA LA NOSTRA CREDIBILITÀ? 11
LA COMUNICAZIONE NON VERBALE, RAFFORZA IL MODO IN CUI CI
SENTIAMO/PENSIAMO 12

Quattro Distanze Nel Linguaggio Del Corpo 15

DISTANZA INTIMA 17
DISTANZA PERSONALE 18
DISTANZA SOCIALE 20
DISTANZA PUBBLICA 22

Segnali Del Linguaggio Del Corpo – Arti Inferiori 25

RIEPILOGO 27

Segnali Del Linguaggio Del Corpo- Parte Superiore E Tronco
.... 29

SPALLE E SCHIENA 30
IN PIEDI CON LE MANI POSIZIONATE SUI FIANCHI 32
STRINGERE LE MANI DIETRO LA SCHIENA 34
ALLARGARE LE BRACCIA 34
TENERE LE BRACCIA VICINO AL CORPO 35
PICCHIETTARE VELOCEMENTE LE DITA O ESSERE IRREQUIETO 36

Segnali Del Linguaggio Del Corpo - Faccia, Collo, Occhi 38

MOVIMENTO DEGLI OCCHI 40
EINVECE GUARDARE DI TRAVERSO? 50

Differenze Culturali Nel Linguaggio Del Corpo 55

Linguaggio Del Corpo In Differenze Situazioni Sociali 59

IL TUO LINGUAGGIO DEL CORPO PUÒ DIRE QUANDO SEI SINCERO O
MENO.. 61

Conclusione 66

Parte 2 68

INTRODUZIONE 69
LA PSICOLOGIA DEL LINGUAGGIO DEL CORPO 70
PRIME IMPRESSIONI 75
INSTAURARE RAPPORTI INTERPERSONALI 79
IL LINGUAGGIO DEL CORPO DEI LEADER 86
INCORAGGIARE POSITIVAMENTE DURANTE UNA TRATTATIVA 96
GESTIRE LA PRESSIONE 97
COME GESTIRE CON SUCCESSO SITUAZIONI DIFFICILI 103
MICROESPRESSIONI 110
COME CAPIRE SE PIACI A QUALCUNO 114
COME PIACERE A QUALCUNO 119
COME VENIAMO INFLUENZATI DALLA NOSTRA COMUNICAZIONE NON
VERBALE... 123
CONCLUSIONE 129

Parte 1

Importanza del Linguaggio del corpo

Sin dai tempi antichi, abbiamo usato il linguaggio del corpo per comunicare, trasmettendo i nostri pensieri ed emozioni a chi ci circonda. Ogni persona ha un linguaggio del corpo diverso, che comprende non solo espressioni facciali ma anche i gesti e la postura del corpo . Anche il movimento degli occhi è considerato parte della comunicazione non-verbale, strettamente seguiti dal tatto e l'uso del proprio spazio personale.

Linguaggio del corpo come elemento integrale della comunicazione non verbale

Come sottolinea chiaramente la citazione di sopra, l'ottanta per cento (80%) della comunicazione umana è in realtà non verbale. Alcuni esperti discutono che potrebbe essere qualcosa in più. Il linguaggio del corpo è considerato un elemento integrale della comunicazione non-verbale, siamo abituati, consciamente o inconsciamente, ad interagire con altre persone. E' spesso detto che il linguaggio del corpo serve a completare la comunicazione verbale. Attraverso i nostri gesti, espressioni e posture, stiamo in realtà trasmettendo un sacco d'informazioni di noi stessi all'interlocutore.

E' chiaro che il linguaggio del corpo può fare differenza tra un'interazione di successo ed una condannata a fallire sin dall'inizio. Basilarmente, l'informazione trasmessa attraverso mezzi non verbali, assicurerà una propria interazione tra due o più persone. Però, a causa delle differenze culturali e altri fattori d'influenza, è importante affermare che il linguaggio del corpo può talvolta portare confusione o ad uno stato d'ambiguità. Bisogna essere in grado di usare il proprio linguaggio del corpo a proprio vantaggio, lavorando allo stesso tempo nel decifrare le informazioni non verbali trasmesse dall'altra persona con la massima accuratezza. Alla fine, padroneggiando l'arte della comunicazione non verbale, avrai più interazioni di successo con altre persone; riducendo il rischio di incomprensioni, confusione e disagio sociale.

Quanto sono importanti le espressioni facciali?

Ogni persona su questo pianeta ha espressioni facciali, comunemente usate per esprimere emozioni e/o pensieri. E' sorprendente quanti muscoli siano coinvolti in queste espressioni facciali, permettendoci di esprimere la nostra felicità, tristezza o rabbia. Le nostre sopracciglia vanno in alto quando siamo sorpresi. Storciamo il naso quando qualcosa non soddisfa le nostre preferenze. Gli angoli della nostra bocca salgono quando siamo felici. Una valanga di espressioni facciali fornisce all'interlocutore informazioni sul modo in cui ci sentiamo o pensiamo. E' abbastanza interessante notare che spesso noi usiamo espressioni facciali e corporee allo stesso tempo, al fine di trasmettere un'interpretazione più significativa dei nostri pensieri e sentimenti. La persona che riceve le informazioni analizzerà entrambe le espressioni facciali e corporee contemporaneamente, usando il proprio linguaggio del corpo per rispondere alla situazione in questione.

La postura del corpo serve molto alla comunicazione

La postura del corpo di una persona può fornire informazioni sul modo in cui si sente. E' anche utile per determinare cosa quella persona pensa, al momento in questione. Le posture corporee servono come riflesso delle nostre emozioni, sia che ne siamo consapevoli o meno. Ad esempio, se una persona è seduta su una sedia, con la schiena rilassata e braccia e gambe aperte, ciò significa che è effettivamente rilassata, interessata a comunicare con la persona che le sta di fronte. D'altra parte, se le braccia e le gambe sono incrociate, l'interesse per la suddetta interazione è molto basso, se non inesistente.

Anche i piccoli gesti contano

Una persona saggia una volta ha detto che i piccoli gesti possono avere un gran impatto. Durante l'intera giornata, interagiamo con un numero di persone, usando gesti per integrare i nostri messaggi verbali. Le nostre braccia, mani e dita si muovono in varie direzioni, così come la nostra testa e le nostre gambe. La maggior parte di questi gesti è involontaria, ma gesti volontari possono essere usati per evidenziare informazioni che sono state trasmesse attraverso mezzi orali.

I gesti che facciamo possono avere un impatto diverso, a seconda della cultura a cui apparteniamo. Ad esempio, molti gesti delle dita che sono accettabili nelle culture occidentali sono considerate offensive in Medio Oriente. E' sempre importante prenderti del tempo e determinare se un gesto è accettabile da un punto di vista culturale o meno. Assicurerai un'appropriata interazione con l'altra persona, senza correre il rischio di essere culturalmente insensibile.

Che tipo di informazioni possono offrire i gesti? Bene, prendiamo i gesti delle mani come esempio. Se le tue mani sono rilassate e si muovono apertamente, questo significa che tu hai fiducia nelle informazioni che ti vengono presentate, naturalmente, in te stesso (sicurezza di sé). D'altro canto, tenere le mani contratte può indicare che tu puoi essere stressato o arrabbiato. Muovere costantemente le mani o stringerle insieme può significare che sei agitato, nervoso o ansioso.

La chimica dietro il Linguaggio del Corpo

La comunicazione è essenziale per noi come esseri umani. Il più delle volte, quando pensiamo alla comunicazione, tendiamo a concentrarci sulla comunicazione verbale. Tuttavia, la realtà è che la comunicazione non verbale conta di più. Pensaci. Gli umani usano la comunicazione non verbale sin dalla notte dei tempi, molto prima che la lingua parlata apparisse.

La comunicazione non verbale ci dice molto su come siamo e il messaggio che stiamo cercando di trasmettere. Comunica più informazioni delle parole, specialmente in relazione alle cose che stiamo sentendo o pensando. In effetti, numerosi studi hanno confermato che la comunicazione non verbale offre più significato di qualsiasi altra forma di comunicazione.

Tendiamo a fare affidamento sui gesti e sulle espressioni facciali, in situazioni dove siamo insicuri del messaggio verbale che vogliamo trasmettere. E' stato anche scoperto che la comunicazione non verbale è preferita per l'espressione di emozioni e pensieri, anche se ciò potrebbe accadere involontariamente.

Diamo un'occhiata ad un esempio. Immagina che qualcuno ti domandi qualcosa ma non sei sicuro delle intenzioni di base alla domanda. Bene, in una tale situazione, molto probabilmente ti baserai sulla comunicazione non verbale, al fine di identificare le emozioni o i pensieri della persona che ti pone la domanda. Più interpersonale è l'interazione, più ci si affida a suggerimenti non verbali per ottenere aiuto. Questo è valido anche per gli scambi emotivi. Forse la cosa più interessante della comunicazione non verbale è che è quasi sempre involontaria. Data la sua natura, non puoi controllarla così facilmente come la comunicazione verbale e, più importante, non puoi fingere. Non ne sei sicuro? Vaiindietro nel tempo e ricorda di incontrare qualcuno per la prima volta. Se non ti è piaciuto, è molto probabile che tu abbia involontariamente inviato messaggi non verbali sul tuo interesse.

E' difficile fingere interesse, non importa quanto duramente si possa provare.

Puoi considerare la comunicazione non verbale come il fattore principale per comunicare i tuoi pensieri e sentimenti. Mentre è vero che alcune persone imparano a controllare i loro gesti e le loro espressioni facciali; lo fanno per raggiungere un particolare obbiettivo. Sono persone che rappresentano aziende importanti, quindi devono educarsi e recapitare i messaggi dell'azienda, senza trasmettere le loro opinioni personali attraverso spunti non verbali. Il resto di noi ha difficoltà a controllare la nostra attitudine non verbale, specialmente quando entriamo in una situazione dove i pensieri personali e i sentimenti devono necessariamente essere espressi.

E' ambigua la comunicazione non verbale?

La comunicazione verbale è chiarissima, nella maggior parte delle situazioni. La comunicazione non verbale, d'altro canto, è piuttosto ambigua, poiché sia le espressioni facciali che i gesti possono avere una moltitudine di significati, a seconda della situazione, delle culture o delle personalità coinvolte. Ci sono molti segnali non verbali che non hanno un significato specifico, essendo aperti all'interpretazione. A volte, al fine di ridurre il livello di ambiguità, possiamo fare affidamento su altri indizi, come l'ambiente in cui ci troviamo o le parole pronunciate dal nostro interlocutore.

Per quanto riguarda la nostra credibilità?

Quando una persona parla di qualcosa, non sei necessariamente dovuto a crederla. Nel decidere se le parole dette da quella persona sono degne di essere credute o meno, probabilmente prenderà in considerazione molti fattori, incluso il suo background, la sua cultura e la sua esperienza nel campo.

Sorprendentemente, riteniamo più facile credere alle informazioni trasmesse attraverso mezzi non verbali. Peter Drucker una volta disse che la cosa più importante nella comunicazione è ascoltare ciò che non viene detto. Bene, la comunicazione non verbale è molto più credibile del messaggio verbale, principalmente perché è difficile essere falsificati o tenuti sotto controllo. La comunicazione non verbale spesso ha una natura involontaria e questo è uno dei motivi per cui i messaggi trasmessi attraverso essa presentano un livello superiore di credibilità. Fondamentalmente, non puoi fingere le tue espressioni facciali o i tuoi gesti, così l'altra persona risponderà, anche lei, in maniera onesta e corretta.

La comunicazione non verbale, rafforza il modo in cui ci sentiamo/pensiamo
Molte delle espressioni facciali che usiamo quotidianamente sono involontarie. I nostri corpi si sono abituati ad usarli, come un modo per rafforzare il modo in cui ci sentiamo e pensiamo. A volte, la comunicazione verbale non è sufficiente per dimostrare agli altri il nostro stato emotivo o i pensieri che attraversano la nostra testa. Ad esempio, diciamo che vuoi

raccontare una barzelletta ad un amico. Sorridendo, migliorerai la qualità della comunicazione, poiché i tuoi segnali non verbali trasmetteranno un messaggio chiaro sul modo in cui ti senti.

È importante capire che la comunicazione non verbale ha un impatto chiaro e profondo sulle relazioni. Questo impatto può essere positivo o negativo, a seconda della situazione in cui ti trovi. Spesso facciamo affidamento sui gesti, per esprimere le nostre emozioni, specialmente quando si tratta di interazioni con quelle persone che ci sono care o amiamo. Gli amici si tengono per mano, gli innamorati si baciano e le madri accarezzano sempre i loro bambini. La comunicazione non verbale garantisce relazioni più strette, anche quando non è stata effettuata alcuna comunicazione verbale.

Oggigiorno, ci affidiamo alla comunicazione verbale per identificare le migliori soluzioni ai problemi. Questo tipo di comunicazione potrebbe essere utilizzato per ricevere / dare istruzioni dettagliate su un'attività che dobbiamo gestire. Tuttavia, la comunicazione non verbale rimane un metodo eccellente per trasmettere le nostre emozioni e / o pensieri agli altri. È efficiente e, più importante, è sempre preciso. Quindi, la prossima volta che sei senza parole, lascia che il tuo corpo parli per te. È garantito che farà qualcosa, dicendo all'altra persona come ti senti o cosa pensi.

Quattro distanze nel Linguaggio del corpo

Il linguaggio del corpo di solito mostra l'estensione dei tuoi sentimenti per qualcuno. Ad esempio, i tuoi sentimenti per un'altra persona, si manifestano attraverso il tuo linguaggio del corpo, se ti piace come amico o come un interesse romantico. Un altro fattore importante è la distanza fisica che osservi dalla persona con cui stai interagendo, poiché ogni relazione e impostazione sociale ha la propria distanza raccomandata. Pertanto, la prossima volta che ti trovi in una conversazione, prendi nota della distanza che stai tenendo con qualcuno. Il tuo linguaggio del corpo invia un messaggio più forte persino delle parole che stai dicendo. La gente è molto interessata a "leggere" di più dei segnali non verbali di ciò che esce dalla bocca.

Per evitare di essere fraintesi, è una buona idea conoscere alcune delle distanze comuni osservate nella comunicazione non verbale. Puoi allora utilizzare le informazioni che impari per portare il punto a casa inviando il messaggio giusto.

Distanza Intima

Con questa distanza, si suppone di osservare una differenza di 6 a 18 pollici con il proprio partner. Questa distanza di solito è riservata solo a persone che sono intime e hanno un forte affetto reciproco. Questa distanza è sufficiente per consentire il contatto, il che significa che c'è una maggiore opportunità di essere più vicini gli uni agli altri. Le coppie di solito osservano questa distanza quando sono in pubblico.

Se hai a che fare con una persona che non è strettamente legata a te, assicurati di mantenere la giusta distanza perché invadere lo spazio personale di qualcuno può essere un gesto inquietante e puoi farli sentire a disagio. La distanza intima è preservata per le persone che hanno relazioni strette, come amanti, familiari stretti o anche animali domestici. In questi casi, mantenere una distanza minore aiuta a rafforzare i legami esistenti.

Distanza personale

Una distanza da 1,5 a 4 piedi è la distanza personale che è comune tra amici intimi e colleghi. Troverai sempre le persone che conversano profondamente mantenere questa distanza, specialmente perché le persone sono più in grado di osservare il linguaggio del corpo del collega o dell'amico. Espressioni come il movimento degli occhi e delle labbra inviano un messaggio non verbale molto forte che indica la direzione in cui sta andando la conversazione. È molto importante che la giusta distanza, basata sul contesto sociale, venga mantenuta.

Se vuoi stringere la mano, anche la distanza personale è appropriata, in quanto ti lascia abbastanza spazio per questa azione, così come ogni altro gesto fisico che ritieni importante in un contesto sociale informale. Ciò è dovuto al fatto che la distanza è in grado di coprire la lunghezza del braccio, il che è utile quando si tengono discussioni in gruppo. Non avrai limitazioni ai tuoi movimenti, indipendentemente dal numero di persone intorno a te. C'è abbastanza spazio per il tuo uso e il comfort è assicurato. Ogni volta che ci sono colleghi e amici vicino a te per alcune discussioni, assicurati di mantenere una distanza personale. Quando viene mantenuta la distanza personale appropriata, le persone sono più a loro agio e a rilassate.

Distanza Sociale

Questa distanza richiede due persone distanti tra loro di 4 a 12 piedi. Poiché questa distanza è più per le riunioni sociali, non è necessario tenersi a una distanza maggiore, ad esempio quella che si manterrà per le impostazioni formali. In queste impostazioni, ricorda di rispettare anche il posizionamento delle altre persone intorno a te. Il tuo linguaggio del corpo e dove scegli di posizionarti in una stanza ha un effetto significativo su come sei percepito dagli altri. È importante inviare un aspetto umile, non dominante, in modo che le altre persone presenti nell'incontro possano sentirsi rispettate e ascoltate. Negli incontri sociali, a ogni persona dovrebbe essere data pari opportunità di partecipazione.

La distanza sociale è progettata in modo tale da mantenere il contatto visivo tra le persone presenti. I discorsi pronunciati durante gli incontri sociali dovrebbero essere abbastanza forti da consentire a tutti di ascoltare. Avere la giusta quantità di contatto visivo e volume della voce può aiutare a rendere la comunicazione un successo. Senza questi elementi essenziali, l'efficacia e la produttività degli incontri sociali saranno ridotte.

Un'ulteriore nota è che alcuni incontri sociali possono anche essere formali. Quindi, ci sono eccezioni alla distanza di 4 a 12 piedi. Sapere quale distanza è appropriata in una situazione è cruciale.

Distanza Pubblica

Questa distanza è tra i 12 e i 25 piedi ed entra in gioco negli incontri pubblici in cui una persona si rivolge ad una moltitudine. È necessario assicurarsi che le informazioni trasmesse possano essere ricevute da tutte le persone senza eccezioni. Inoltre, su un podio pubblico dove la folla può essere più carica, questa distanza offre sicurezza proteggendo l'oratore da possibili attacchi. È sempre bene mantenere una distanza di sicurezza da persone che potrebbero attaccare in qualsiasi momento. Tuttavia, considerando la distanza più lontana, gli oratori pubblici distanti di 12 / 25 piedi dal loro pubblico sono costretti a usare per lo più gesti non verbali esagerati per comunicare efficacemente il loro messaggio al pubblico. Il messaggio dell'oratore è più efficace quando il suo linguaggio del corpo si combina bene con le sue parole.

A questa distanza, sarà anche molto difficile per le persone vedere le espressioni facciali di chi parla. Pertanto, diventa ancora più cruciale per l'oratore utilizzare in modo efficace i gesti per aggiungere "scintille" al suo messaggio. Le persone che hanno esperienza a parlare in pubblico e sanno leggere la lingua del corpo saranno molto veloci nel fare rapide regolazioni per adattarsi alla loro folla o al pubblico. Ad esempio, gli oratori esperti per sostituire al pubblico che non è in grado di vedere le loro espressioni facciali a una distanza lontana, useranno gesti più ampi delle mani o della testa . Un altro esempio di qualcuno che manterrebbe una distanza pubblica è un insegnante, che tiene un buon spazio con gli studenti mentre insegna.

Ora che hai imparato a conoscere le diverse distanze, devi scegliere la distanza appropriata per la situazione appropriata. Non scegliere una distanza intima quando parli ad una riunione pubblica o viceversa. Comprendere questi gesti non verbali ti avvantaggerà in molti modi, sia personalmente o attraverso la tua relazione con gli altri. Comprendere il linguaggio del corpo può aiutarti a capire meglio come si sentono le altre persone in una determinata situazione. Essere in grado di comunicare un buon linguaggio del corpo ti aiuterà anche a sviluppare in modo più efficace le relazioni, così gli altri si prenderanno il tempo per conoscerti e formare una relazione con te.

Segnali del Linguaggio del Corpo – Arti Inferiori

Se le gambe della persona sono all'altezza delle spalle, in posizione eretta o seduta, indica che la persona è rilassata.

Gambe incrociate

Le gambe incrociate potrebbero essere interpretate nel senso che qualcuno ha bisogno di un po' di privacy, quindi lui o lei è completamente chiuso. Altre persone avranno accesso a te negato, quindi non c'è spazio per dare il via a qualsiasi tipo di discorso. Gli altri messaggi che le gambe incrociate potrebbero significare è che non sei pronto per partire. Vuoi rimanere in giro più a lungo e avere la certezza che nessuno ti caccerà. Negli uomini, l'incrociare le gambe può essere usato come un modo per proteggere la mascolinità. Le persone che hanno una bassa autostima sono noti per preferire questo posizionamento delle gambe.

Incrociare le gambe lontano da un altra persona

Quando incroci le gambe, puoi scegliere di farlo con le gambe lontane dalla persona con cui hai a che fare. Questo invia un messaggio aspro. Questo significa che non sei interessato a quello che ti sta dicendo. È un modo duro di mostrare disapprovazione e disagio. Pochissime persone hanno la sicurezza di dire alle persone l'antipatia nei loro confronti. Se sei uno di questi individui, allora questo posizionamento delle gambe potrebbe venire in tuo soccorso. Non ci sarà bisogno di ulteriori discussioni per permettere a queste persone di leggere nella tua comunicazione non verbale. Dice tutto in azioni chiare.

Gambe incrociate quando si è in piedi può indicare timidezza

Incrociare le gambe quando si è in piedi può significare che la persona è timida o è a disagio in una particolare situazione sociale. Può anche significare che la persona è stanca di stare in piedi e vuole sedersi

Riepilogo

Incrociare le gambe quando si è seduti è qualcosa che la maggior parte delle persone fa puramente per il comfort, specialmente le donne. Ma a volte può significare che la persona si sente difensiva o ritirata o chiusa.

La posizione del piede è anche uno strumento utile nell'interpretazione del linguaggio del corpo. Se i piedi della persona puntano verso di te quando sei in piedi l'uno di fronte all'altro, questo indica che la persona è a tuo agio con te. I loro occhi saranno focalizzati su di te e la loro testa sarà puntata nella tua direzione

Tuttavia, se i piedi della persona stanno puntando lontano da te, è molto probabile che anche la loro testa e gli occhi non siano su di te. Ciò potrebbe indicare una mancanza di interesse o una sensazione di disagio o imbarazzo.

Questi sono solo alcuni dei suggerimenti che possono essere utilizzati per l'interpretazione del linguaggio del corpo. L'interpretazione del linguaggio del corpo è un'abilità utile su cui devi lavorare regolarmente. È estremamente utile se sai come decifrare i significati del linguaggio del corpo di un'altra persona. Tuttavia, le indicazioni non sono sempre vere. Non tutte le impressioni dalla lettura del linguaggio del corpo bastano. Questo sarà di supporto solo se hai già un'idea sulla personalità della persona.

Con più pratica, sarai migliore e più snello nel tuo approccio.

Segnali del Linguaggio del Corpo- Parte Superiore e Tronco

Le nostre braccia e le mani sono un'altra grande chiave per l'interpretazione del linguaggio del corpo.

- Una posizione aperta delle braccia mostra una sensazione di onestà e che la persona sta accettando la situazione.
- Le braccia incrociate sul petto indicano una postura difensiva e possono anche significare il dubbio o il sospetto di ciò che l'altra persona sta dicendo.
- I palmi aperti esprimono la sensazione di essere rilassati e comodi.
- Mettere le mani nelle tasche è generalmente un segno di nervosismo o mancanza di interesse.
- Le mani sulla vita possono indicare rabbia o furia.

1. Il modo in cui una persona si stringe la mano può avere tutti i tipi di significati:
2. E' consuetudine alzarsi per stringersi la mano. Questo mostra un segno di

rispetto. Il contatto visivo tenuto per tutta la lunghezza della stretta di mano è un segno di sincerità.

3. La persona che inizia la stretta di mano mostra segno di sicurezza, mentre le mani sudate indicano ansia o nervosismo.

4. Una salda stretta di mano con la mano rivolta verso il basso è universalmente riconosciuta come un segno di fiducia. Anche i palmi delle mani dovrebbero entrare in contatto tra di loro. Troppo stretto, potrebbe significare che stanno sovracompensando su qualcosa. D'altra parte, una debole stretta di mano con la mano rivolta verso l'alto indica timidezza o nervosismo

Spalle e schiena

Quando le spalle sono squadrate e tirate indietro, senza troppo stringere i muscoli della schiena; ciò indica sicurezza.

Quando i muscoli della schiena sono indolenziti e rigidi, questo indica tensione e nervosismo. Il rilassamento della schiena o delle spalle indica pigrizia o noia.

Braccia incrociate

Ci sono diversi tipi di messaggi passati incrociando le braccia, ma generalmente ritrae una persona difensiva. Quando hai le braccia incrociate, generalmente significa che non vuoi la comunicazione con altre persone o fattori esterni. Molte persone tendono a fingere di incrociare le braccia perché fa freddo; quindi vorrebbe generare un po 'di calore. Nella sua superficialità, ci sono persone che interpreteranno un'espressione del genere in modo simile. Con il dovuto rispetto, questo ha un significato completamente diverso quando si tratta di affrontare il linguaggio del corpo.

Implica anche che non sei pronto per impegnarti in argomenti o discussioni di quel genere. Questo pone letteralmente una barriera sulla parte anteriore del corpo per avvisare qualsiasi persona con l'intenzione di iniziare una conversazione. Pertanto, dovresti essere molto cauto nel parlare con una persona che ha incrociato le braccia. La vulnerabilità o la sensazione di essere insicuri potrebbero prevenire la decisione di una persona di incrociare le braccia. Se questo è il caso, sarà interpretato come se stessi cercando autoconforto, e ciò sarà necessario a questo punto.

Mentre l'incrociare le braccia può significare che uno è chiuso a qualsiasi argomento, ci sono segnali aggiuntivi che completano il gesto che dovresti anche cercare. Quando una persona incrocia le braccia, lui o lei potrebbe integrare quell'azione con una scossa della testa per intendere "no" o addirittura evitare di stabilire un contatto visivo con tutti i mezzi possibili. Altri segnali potrebbero essere i piedi della persona che puntano lontano dalla tua direzione, le gambe incrociate e l'appoggiarsi all'indietro. Questi sono i segni che potresti vedere con una persona che sta incrociando le braccia per tenere lontane le persone.

In piedi con le mani posizionate sui fianchi

Se vuoi mostrare al mondo che hai il pieno controllo della tua vita, stare in piedi con le mani posizionate sui fianchi sarà la giusta posa. Le persone che sanno leggere bene il linguaggio del corpo ti diranno esattamente questo senza equivoci. Può anche essere uno spettacolo di aggressività. Questa posa è preferita soprattutto dagli uomini quando flirtano con le donne. Tenderanno a piegarsi un po 'e questo è interpretato nel senso che l'uomo è interessato a una donna e vorrebbe averla per un altro momento. Questo non significa che le donne non si mettano in posa. Lo fanno e significa la stessa cosa. La posa può variare molto ma il fattore costante sono le mani sui fianchi. Qualcos'altro potrebbe cambiare ma questo no. La persona potrebbe scegliere di piegarsi in avanti mentre la testa scivola di lato. Tutto ciò è destinato a mostrare attenzione a tutto ciò che viene detto e può essere completato da un semplice sorriso e qualche contatto visivo diretto. Questa è una posa di fiducia e le persone che la usano sono sempre pronti a dare tutto per raggiungere il proprio obiettivo. Se sei aggressivo e vuoi mostrarlo non verbalmente, alzati e metti le mani sui fianchi. Tutti parleranno di te e della tua personalità. È più efficace che andare in giro dicendo "Sono aggressivo". Sempre, le azioni parlano più delle parole e questo linguaggio del corpo si adatta al progetto.

Stringere le mani dietro la schiena

Apprensione, frustrazione e rabbia sono i messaggi principali che le mani dietro la schiena invieranno ad altre persone. Dà la sensazione che una persona sia nuda e non vorrebbe essere vista da altre persone. Potrebbe verificarsi qualche disagio, che è il segno principale di una persona che sta vivendo alcuni momenti di ansia. Avrai voglia di sederti, alzarti, camminare e correre tutto allo stesso tempo.

Allargare le braccia

Allargare le mani è un altro gesto che puoi fare per avere una sensazione di comando. Proverai il più possibile ad avere lo spazio disponibile per il tuo uso. Questo è un gesto che sicuramente aumenterà la tua fiducia perché segna il tuo territorio. Questa è una comunicazione non verbale efficace che non avrà bisogno di parole per far capire alle persone ciò che senti. Sia gli uomini che le donne amano assumere questa postura quando hanno qualche autorità da comandare.

Un'altra interpretazione delle braccia allargate è la preparazione ad un abbraccio. Questo è più comunemente visto da persone che stanno per abbracciarsi l'un l'altro. Ciò è un ottimo modo per mostrare affetto ai propri cari senza dirlo, in sostanza. Le persone si abbracciano come modo di salutare se non si tratta di affetto; ma invierà sicuramente un messaggio diverso se coinvolge quelli del sesso opposto. Anche i bambini si abbracciano a volte durante il gioco, il che non deve essere interpretato come una mossa eccessiva. Espandere le braccia ampiamente è una comunicazione non verbale che invia un messaggio forte dei propri sentimenti.

Tenere le braccia vicino al corpo

Ci sono molti esempi nella vita in cui troverai utile tenere le braccia vicine al tuo corpo. Alcune discipline sportive come il golf e il baseball pongono maggiormente l'accento sul posizionamento delle braccia per attutire il corpo dalle ferite. Questa è un'interpretazione di questa postura che svolge anche un ruolo fondamentale nella guida di un'auto. Oltre agli sport, tenere le braccia vicino al corpo può inviare un messaggio serio sul tuo io interiore. È un modo non verbale di comunicare le proprie emozioni che molte persone hanno trovato utile.

Questa posizione significa che ti stai mantenendo molto e non vorresti attirare l'attenzione degli altri. Le persone con questa posizione di solito si ritirano dal pubblico per vivere una vita più privata, anche se temporaneamente. Quando hai delle questioni personali da gestire e non vuoi interferenze da parte di altre persone, usa questa postura e il messaggio le raggiungerà molto bene.

Picchiettare velocemente le dita o essere irrequieto

Sei appassionato nel essere irrequieto o di picchiettare velocemente le tue dita? Potresti averlo fatto in diverse occasioni ma non eri informato del messaggio che stavi inviando ad altre persone. Coloro che hanno esperienza nella lettura del linguaggio del corpo potranno facilmente dire che sei impaziente, annoiato o addirittura frustrato. Questo è uno dei modi in cui le persone possono rilasciare tale tensione dai loro corpi.

Segnali del Linguaggio del Corpo - Faccia, Collo, Occhi

Se stai interagendo con una persona e noti che sta guardando verso l'alto, non ti preoccupare. Questo gesto è spesso associato al pensiero di un particolare evento o attività, essendo più comune in coloro che sono pensatori visivi. Tuttavia, quando anche la rispettiva persona è accigliata, questo potrebbe significare che sta effettivamente giudicando il suo interlocutore.

Gli interlocutori pubblici guardano spesso verso l'alto quando tengono una presentazione o tengono un discorso, essendo questo un gesto comune in tali situazioni. Significa semplicemente che stanno effettivamente cercando di ricordare la loro presentazione / discorso. In generale, se si guarda verso l'alto e verso sinistra, significa che sta cercando di ricordare un evento del passato. D'altra parte, se uno guarda in alto a destra, significa che sta cercando di immaginare qualcosa, forse persino una bugia.

È possibile che lo sguardo verso l'alto sia un gesto inconscio, a significare che la persona in questione è annoiata. Guardando verso l'alto, lui / lei sta effettivamente esaminando l'ambiente e cerca di identificare potenziali punti di interesse. Lo sguardo verso l'alto, combinato con il leggero abbassamento della testa, è un gesto comune eseguito da persone attratte l'una dall'altra. Tenendo la testa bassa, ti stai mostrando di essere sottomesso, mentre il contatto visivo diretto è un chiaro segno che sei interessato alla rispettiva persona..

Sopracciglia

Le sopracciglia alzate esprimono sorpresa o shock. Un colpo di sopracciglia mentre si guarda un altro individuo mostra che la persona sta riconoscendo l'altra persona o lo saluta.

Naso

Toccare o sfregare il naso sono i gesti più comuni che si attuano su se stessi, che di solito sono fatti da persone che stanno mentendo o stanno cercando di nascondere qualcosa.

Labbra

Leccare o mordere le labbra è uno dei segnali tipici del flirt delle donne.

Il gesto del bacio può essere fatto per mostrare il proprio affetto e anche usato come forma di saluto.

Movimento degli occhi

Se la persona ha le pupille dilatate, è interessato alla conversazione.

Anche gli occhi che guardano in direzioni diverse hanno significati diversi. Quando si guarda a destra, significa che si sta pensando ad immagini visive. Nel frattempo, quando si guarda in alto a sinistra, significa che si sta cercando di richiamare un ricordo. Tuttavia, ci sono casi in cui l'ordine è inverso, a seconda della persona. Prova a metterlo alla prova prima chiedendogli di ricordare un ricordo noto e di immaginare un evento.

D'altra parte, guardare in basso può significare che si sta parlando a se stessi, ma questo è più evidente se c'è anche il movimento delle labbra. È anche un potenziale segnale di vergogna, colpa o sottomissione. Quando le persone guardano verso il basso, significa in genere che stanno accedendo a come si sentivano riguardo a qualcosa. Guardare dall'alto verso il basso un'altra persona significa che si ha il controllo della situazione o si sta parlando con qualcuno che è inferiore a sé.

I movimenti laterali degli occhi possono indicare segni di disonestà, distrazione, o potrebbe essere che sta ricercando informazioni uditive. Guardando da un occhio all'altro, salendo in fronte, significa che stai guardando qualcuno con superiorità. Quando vai giù al naso, stai parlando con qualcuno nel livello del tuo stato. E guardando da un occhio all'altro e fino alle labbra, indica un segno di attrazione o romanticismo.

Felicità

Le espressioni facciali felici sono tra le più facili che puoi riconoscere. Sono universali e trasmettono costantemente messaggi positivi. Una persona amichevole avrà sempre espressioni di felicità sul viso. Avvicinarsi ad un tale individuo sarà molto facile. Si dice che le espressioni facciali per la felicità sono più praticate di quelle genetiche. Questo perché le persone tendono ad usarle per nascondere le emozioni negative che potrebbero avere. Gli scienziati hanno effettivamente dimostrato che alcune persone hanno espressioni amichevoli sul viso, ma non sono felici all'interno, che è comunemente noto come "finto fino a quando non lo fai".

Tristezza

Queste espressioni si presentano come un opposto diretto della felicità e saranno viste in persone che non approvano nulla. Tali espressioni facciali saranno osservate in persone che stanno piangendo, passando attraverso qualsiasi forma di perdita, coloro che soffrono e le persone che sono generalmente a disagio con la vita. Sfortunatamente, ci sono alcune culture che proibiscono alle persone di mostrare pubblicamente segni di tristezza sui loro volti, che sono regressivi. Tali espressioni vengono fuori dalle emozioni, quindi nessuno può controllarlo. Il clou di una faccia triste è il pianto, ma c'è un grande dibattito su questo. E' chiaro che le lacrime non dicono necessariamente che qualcuno è infelice. Ci sono anche lacrime di gioia, quindi devi essere molto preciso nell'etichettare le persone con la faccia triste solo guardando le lacrime.

Rabbia

Se sei arrabbiato, le espressioni facciali diranno tutto senza fare niente. La rabbia è molto comune al giorno d'oggi, come le persone sfogano il loro fastidio causato dallo stress nella vita. Se sei frustrato al lavoro, a scuola o anche a casa, il risultato finale sarà la rabbia. Per quanto tu possa cercare di nasconderlo ad altre persone, le tue espressioni facciali ti tradiranno sicuramente. La rabbia può derivare da interazioni personali e interpersonali. Queste espressioni facciali sono più visibili nelle interazioni personali mentre l'interazione interpersonale sembra sfogare la sua rabbia in maniera più violenta. Troverai facile provare a colpire la persona responsabile della tua rabbia. È incontrollabile, ma la rabbia personale può essere facilmente controllata. Se non viene gestito alla prima occasione, la rabbia può causare conflitti. Si ritiene che le espressioni di rabbia negli uomini e nelle donne siano diverse, ma non è stato presentato nulla di tangibile a sostegno dell'argomento.

Sorpresa

Come reagisci ad una sorpresa? Ogni persona ha un modo unico a tale occasione. Le donne sono meglio conosciute per preferire le sorprese (specialmente dalle loro controparti maschili) e le loro reazioni sono a dir poco pazzesche. Alcuni gridano forte mentre altri saltano di gioia. Tuttavia, le sorprese possono essere buone o cattive; quindi devi essere nella posizione di saper differenziare fra queste. Se ci sono espressioni facciali che danno alle persone difficoltà ad essere rilevate o persino registrare, sono sorprese. Questo perché arrivano inaspettatamente così nessuno è preparato. Inoltre, sono generalmente di breve durata, quindi non c'è tempo per analizzarli o fare un bilancio di ciò che è successo. Una volta che si verifica un'espressione facciale in risposta a una sorpresa, ci sono altre espressioni che seguono immediatamente. Ad esempio, se è una brutta sorpresa, seguirà un'espressione di tristezza. Nel caso in cui la sorpresa sia positiva, aspettati che seguano alcune espressioni per la felicità

Disgusto

Esprimerai espressioni facciali per disgusto una volta che il corpo è soggetto a qualcosa che è nauseante. Questo può essere il risultato di un cattivo odore proveniente da qualcosa che sta marcendo o anche qualcosa di brutto che si trova nel cibo o nelle bevande. Queste sono generalmente espressioni per mostrare il totale rifiuto di qualcosa che non è il benvenuto nella tua vita. In molti casi, le persone che mostrano espressioni di disgusto sui loro volti hanno un controllo molto minimale della situazione, ma lo fanno per dimostrare la loro insoddisfazione. Fino a sei muscoli lineari sono coinvolti quando vengono mostrate queste espressioni facciali. I segni comuni da individuare nel rilevamento delle espressioni includono un labbro superiore rialzato, un ponte nasale rugoso e le guance sollevate in alto.

Paura

La paura afferra le persone che non hanno la certezza della loro sicurezza personale e le loro facce sono tra le prime parti del corpo a dimostrarlo. Gli occhi tenderanno ad aprirsi più del normale mentre le sopracciglia sono sollevate. Anche la bocca può aprirsi leggermente, con cinque muscoli lineari e uno sfintere coinvolti. Quando queste espressioni sono visibili sul volto di una persona, raccontano di un pericolo imminente o di una minaccia. Ci sono molti fattori che causano paura nelle persone, che devi studiare bene e comprenderli prima di prendere una decisione. Alcune risposte dal corpo sono responsabili di provocare ansia, che si traduce in uno stato d'animo attenuato. Se tale paura è prolungata, può finire per causare alcune complicazioni di salute, quindi dovrebbe essere affrontata il più presto possibile.

Confusione

La fronte e il naso saranno determinanti nelle espressioni facciali che mostrano confusione poiché è qui che la maggior parte dell'azione viene enfatizzata. Se confuso, avvertirai che le due parti sono raggrinzite o che un sopracciglio si alza in alto. Potrebbe anche esserci la possibilità di stringere le labbra insieme. La confusione incarna un caso di totale incomprensione e queste espressioni facciali verranno fuori dallo sforzo per ottenere tale comprensione. Ogni persona ha il desiderio di comprendere le situazioni ed evitare la confusione, ma ciò avverrà a vari livelli.

Eccitamento

Ci sono diverse espressioni facciali che possono essere usate per descrivere lo stato di eccitazione d'una persona. Tutto sommato, questo è positivo e mostra che qualcosa di buono è successo. Queste espressioni sono accompagnate da un sorriso a bocca aperta per mostrare costernazione. Quando sono eccitati, gli occhi saranno spalancati, con le sopracciglia che si innalzano per punteggiare i livelli di energia. Uno apparirà sempre allegro e vivace quando l'eccitazione si è insinuata e il corpo diventa generalmente impulsivo a qualsiasi attività

Desiderio

Questa è la spinta per realizzare qualcosa nella vita, e le espressioni facciali possono illustrarlo molto bene. Le espressioni variano da una situazione all'altra poiché ci sono molti desideri che abbiamo nella vita. Il desiderio funziona bene con la messa a fuoco, così gli occhi saranno focalizzati sulla cosa che vuoi raggiungere. Avrai il minimo battito degli occhi per evitare di essere interrotto mentre la lingua potrebbe spostarsi da un lato all'altro della bocca. Durante tali situazioni, avrai più energia nel tuo cervello dedicata a raggiungere la tua cosa desiderata.

Disprezzo

Queste sono espressioni facciali che mostrano la totale disapprovazione di qualcosa. È un modo per dire un grande "no" a ciò che qualcun altro sta cercando di dire su di te. Quando hai un'espressione sul volto che mostra disprezzo, avrà tre caratteristiche chiave. Uno, il tuo mento sarà sollevato rendendo così molto facile guardare l'autore del reato. Un sogghigno è un'altra espressione che mostrerà un chiaro disprezzo ed è punteggiata da un sorriso. L'altra caratteristica delle espressioni facciali per disprezzo è un angolo del labbro teso che sembra sollevato su un lato del viso. Alcuni di questi segni sono molto chiari e non avrai bisogno di metodi complessi per leggerli.

Indipendentemente dal tipo di emozioni che stai attraversando all'interno del tuo io interiore, ci sono molti tipi di espressioni facciali che userai per esporle esternamente. Sta a te sapere il modo migliore per interpretarlo correttamente.

Che significato ha la visione dall'alto?

Sin dall'inizio, è chiaro che guardare in basso è un gesto di sottomissione. È come se volessi dimostrare all'altra persona che non sei una minaccia, cercando di stabilire una relazione chiara. A volte, può significare che la persona in questione si sente colpevole. Paradossalmente, ci sono alcune persone che usano questo gesto oculare, per dominare gli altri e dimostrare il loro potere.

Guardare in basso e a sinistra è associato a persone che sono abituate a parlare da sole. Se presti molta attenzione, scoprirai facilmente che le loro labbra si stanno muovendo, solo leggermente. D'altra parte, guardare in basso a destra è associato all'espressione di pensieri e / o emozioni personali.

Guardare in basso può essere interpretato in modo diverso come un gesto, a seconda della cultura a cui appartiene. Ad esempio, in molte culture asiatiche, è considerato scortese mantenere il contatto visivo diretto. Guardando verso il basso, avrai mostrato rispetto per la persona in piedi / seduta di fronte a te.

Einvece guardare di traverso?

Guardare di traverso è uno dei gesti più ovvi che una persona farà, dopo essere annoiato. Fondamentalmente, la persona in questione è alla ricerca di nuovi punti di interesse, quindi guardando di traverso. A volte, possiamo guardare a sinistra o a destra, per accertare da dove provenga una certa distrazione. Questo è in realtà un istinto ancestrale; il cervello cerca di determinare se una potenziale minaccia è vicina o se sta per accadere qualcosa di interesse.

In certe situazioni, guardando lateralmente può significare che la persona che esegue il gesto è irritata. Anche la direzione in cui stiamo guardando è importante; gli studi hanno confermato che lo sguardo a sinistra è associato al desiderio di richiamare un determinato suono, mentre lo sguardo a destra si verifica ogni volta che stiamo cercando di immaginare il rispettivo suono.

Il movimento laterale dell'occhio può dire molto di te

Il movimento laterale degli occhi coinvolge il movimento degli occhi, da un lato all'altro, essendo diverso dal gesto di guardare lateralmente. Questo gesto è spesso visto nei bugiardi patologici, specialmente quando cercano di uscire da una certa situazione. Le persone che parlano di segreti o di questioni confidenziali potrebbero presentare questo gesto, essendo sfuggenti e preoccupati che qualcuno possa conoscere i loro piani.

Guardare fisso e dare un occhiata

Fissare è un gesto comune che eseguiamo regolarmente. Quando una persona fissa un'altra persona per un periodo di tempo prolungato, può significare che è innamorato. La concentrazione sull'intero corpo della persona è associata a sentimenti di lussuria, mentre il fissare le proprie aree intime è un chiaro segno che l'interesse sessuale è presente.

È normale che le persone che hanno autorità fissano con lo sguardo per convincere gli altri a prendere una determinata decisione. In generale, questo gesto è mantenuto breve ma ad un alto livello di intensità. Da un altro punto di vista, il fissare è un gesto che viene inconsapevolmente evitato dai bugiardi; questo perché, più a lungo mantengono il contatto, e più colpevoli si sentono. Dare un occhiata, d'altra parte, è breve per definizione e, a seconda della situazione, può suggerire una vasta gamma di cose: desiderio, preoccupazione, interesse per qualcosa di proibito, attrazione e persino disapprovazione.

Il contatto visivo è una forma di comunicazione?

Da quanto è stato detto finora, probabilmente conosci la risposta a questa domanda. Ancora una volta, a seconda della situazione e delle persone coinvolte in questo particolare tipo di comunicazione, il contatto visivo può suggerire interesse per qualcuno / qualcosa, amore e persino il desiderio di dominare.

Nella maggior parte delle situazioni, non siamo particolarmente consapevoli del momento esatto in cui stiamo facendo il contatto visivo. Tutto ciò di cui abbiamo bisogno è essere interessati a ciò che una certa persona ha da dire, quindi il contatto visivo seguirà naturalmente. Tuttavia, una delle cose più difficili nella vita è mantenere il contatto visivo per un periodo prolungato di tempo (la maggior parte delle persone preferisce la versione più corta, in quanto è più comoda e facile da districare).

Il contatto visivo più lungo viene mantenuto, più ci sentiamo minacciati. Come forma istintiva di protezione, la maggior parte delle persone avvierà il contatto visivo, facendo di tanto in tanto brevi pause. Tuttavia, devi sempre prestare attenzione al significato che questo gesto reca, poiché potresti finire insultando la persona che ti sta di fronte. Solo nella situazione in cui c'è un interesse romantico tra due persone, la rottura del contatto visivo è considerata un gesto accettabile. Da una prospettiva completamente diversa, vale la pena ricordare che le persone che sono insicure in genere evitano il contatto visivo. Inoltre, coloro che non vogliono essere persuasi da altri, ricorrono a comportamenti simili.

Differenze culturali nel Linguaggio del Corpo

La storia ci dice che la gente ha cominciato a stringere la mano, a trasmettere intenzioni pacifiche agli altri (e anche il fatto che non hanno nascosto alcuna arma). Oggi la stretta di mano è diventata un comune rituale di saluto, aiutandoci a dimostrare l'attuale livello di fiducia. Una stretta di mano può fornire molte informazioni riguardanti la persona in questione, specialmente quando si tratta di quanto sia disposto a consentire a qualcun altro il suo spazio personale.

Le strette di mano possono essere troppo deboli o troppo forti, ogni situazione trasmette un messaggio diverso sulla persona che stringe quelle mani. Se la stretta di mano è troppo debole, significa che la persona in questione non è abbastanza sicura, essendo ansiosa o nervosa riguardo all'interazione corrente. Una stretta di mano troppo forte può significare un desiderio di dominio o di eccessiva sicurezza.

Le differenze culturali influenzano anche il significato delle strette di mano. Ad esempio, nei paesi europei, è consuetudine che uomini e donne si stringano la mano, sia come saluto che come forma di accordo per una determinata decisione. Nei paesi musulmani tale interazione è vietata e severamente disapprovata. Ancora una volta, torniamo all'idea della sensibilità culturale. Dobbiamo sempre prestare attenzione alla cultura e decidere in un istante se un determinato gesto è culturalmente accettabile o meno.

In paesi come l'India, non sembra esserci un gran bisogno di mantenere una distanza personale. È abbastanza comune stare a distanza ravvicinata quando si comunica con qualcuno; se sei con uno sconosciuto o no. La Cina è un altro paese del mondo in cui le persone non sono molto preoccupate della distanza personale quando interagiscono. La distanza personale che mantengono è meno importante del raggiungimento dell'obiettivo della conversazione e dell'interazione.

Il precedente di mantenere una distanza personale sicura è anche molto comune e diffuso nel mondo occidentale. Sai che lo spazio personale comporta anche qualche contatto? Sì, è così e viene preso molto sul serio nelle culture sudamericane e mediterranee. In queste culture, la convinzione generale è che una conversazione può essere migliorata se una persona nella conversazione tocca un altro. La loro connessione sarà anche più forte. Coloro che non toccano i loro amici mentre conversano sono considerati a sangue freddo. Nel mondo orientale, toccare una persona mentre parli è in gran parte un tabù e fare una cosa del genere è considerata un'offesa. Azioni come accarezzare qualcuno nella schiena o anche sulle braccia sono inaccettabili.
Prima di recarsi in tali paesi, è consigliabile dedicare del tempo a saperne di più sul linguaggio del corpo in quella cultura e su ciò che è considerato appropriato,

specialmente per la distanza personale. Il linguaggio del corpo inappropriato può farti percepire come una persona maleducata una volta che fai cose a qualcuno di quella cultura o background. Se è più appropriato stare più vicino o più lontano, assicurati di educarti su quale distanza è la più adatta alla cultura delle persone con cui comunicherai. La distanza personale è uno degli aspetti più importanti del linguaggio del corpo e comporta molte implicazioni nella comunicazione non verbale. Un'altra parte importante del linguaggio del corpo e comunicare con persone di culture diverse è la tua stretta di mano.

Linguaggio del corpo in differenze situazioni sociali

Come usare il tuo corpo e impressionare gli altri con la tua sicurezza

Se vuoi stupire gli altri con la tua sicurezza, puoi usare il tuo linguaggio del corpo e trasmettere tali informazioni in modo efficiente. Inizia con la postura e tieniti alto, assicurandoti che le spalle siano dritte. Istruisciti per mantenere il contatto visivo, sorridendo il più possibile (quando appropriato). Gestisci con le mani e le braccia, per sottolineare i tuoi punti di discussione. Fai attenzione al tono della tua voce, mantenendolo tra moderato e basso.

Come sapere quando stai sulla difensiva

Se ti trovi in una situazione in cui ritieni che il tuo avversario sia più forte di te o eccessivamente aggressivo, potresti iniziare ad agire sulla difensiva (consapevolmente o meno). Il tuo corpo emetterà segnali chiari che ti stai difendendo e che è meglio imparare come riconoscerli. Ad esempio, se ti astieni dai gesti delle mani / braccia, tenendoli vicini al corpo, sei chiaramente sulla difensiva. Gli individui difensivi avranno pochissime o nessuna espressione facciale. Allontaneranno il loro corpo dall'interlocutore o preferiranno incrociare le braccia, come un gesto di rifiuto di ulteriori contatti. Verranno effettuati pochi o nessun contatto visivo.

È possibile diventare difensivi quando si deve negoziare un affare difficile. Fai attenzione ai segnali sopra menzionati, per assicurarti di non essere troppo difensivo. Puoi imparare come essere più aperto, usando il tuo linguaggio del corpo per trasmettere la tua apertura e la tua disponibilità per i procedimenti di negoziazione.

Linguaggio del corpo e mancanza di interesse

Se hai mai parlato con un pubblico, probabilmente sei consapevole del fatto che è estremamente difficile mantenere le persone coinvolte per un certo periodo di tempo. D'altra parte, se sei mai stato parte del suddetto pubblico, probabilmente hai dimostrato questa mancanza di interesse da solo.

Quando non sei impegnato in una conversazione, discussione, riunione ecc., Il tuo corpo lo mostrerà. La testa verrà abbassata, con gli occhi che cercano di concentrarsi su altre cose. Potresti passare il tuo tempo a trovare i pilucchi immaginari dei tuoi vestiti, a giocare con la penna o a scarabocchiare. La postura è anche un buon indicatore del fatto che non ti interessa delle cose in discussione, specialmente se sei accasciato sulla sedia.

Il tuo linguaggio del corpo può dire quando sei sincero o meno

Una persona saggia ha detto una volta che, se vuoi trovare la verità, devi analizzare il linguaggio del corpo dell'oratore e le parole che escono dalla sua bocca. Le persone che mentono manterranno poco o nessun contatto visivo, essendo agitate e toccano costantemente il loro viso. Potrebbero anche presentare movimenti oculari rapidi, poiché evitano di concentrarsi su un particolare individuo.

È comune per le persone che mentono coprirsi la bocca con le mani o le dita. Hanno una frequenza respiratoria maggiore, con la zona del viso e del collo di colore rosso. La sudorazione potrebbe essere presentata in maggiore volume, mentre si potrebbe balbettare o sentire il bisogno costante di schiarirsi la gola.

Il corpo parla prima delle parole

Diciamo che sei in un'intervista, per un nuovo lavoro. L'intervistatore ti pone una domanda difficile e non sei sicuro della tua risposta. Prima di parlare, il tuo corpo ha già fornito molte informazioni sulla tua incertezza. Ad esempio, eviterete il contatto visivo diretto, mentre state pensando alla risposta. Potresti usare le dita per accarezzarti il mento, toccarti la guancia con le mani e inclinare la testa, mentre i tuoi occhi guardano il soffitto.

Come usare il tuo corpo per essere più aperto e ricettivo

Per mostrare la tua apertura, prova una postura rilassata, con le spalle tenute in posizione diritta. Questo mostrerà che sei sicuro e comodo allo stesso tempo. Di tanto in tanto, interrompi il tuo discorso con una pausa, in quanto ciò attirerà l'interesse dell'interlocutore. Se anche tu ti appoggi, il successo dell'interazione è garantito. Tuttavia, devi assicurarti di non essere nello spazio intimo dell'altro, poiché potresti essere percepito come aggressivo.

Cerca di mantenere un'ampia base di supporto, poiché è un segnale di fiducia e apertura. Astenersi dall'abbandonarsi dall'interlocutore, poiché sarà sicuramente interpretato come ostile. Evita di incrociare le braccia e, invece, tenerle in grembo o sul lato laterale del corpo (segni di apertura). Se la stretta di mano è necessaria, scegli il tipo leggero, evitando il "frantoio". Mantenere sempre il contatto visivo, ma attenzione per l'intensità (senza fissare).

Quando si parla ad un vasto pubblico, è molto importante rimanere altrettanto aperti. Ad esempio, devi rimuovere qualsiasi barriera fisica, al fine di garantire un senso di connessione tra te e il pubblico. Non importa quanto tu possa sentirti a disagio o incerto, evita di incrociare le braccia, poiché questo stabilirà una chiara barriera.

Da quanto è stato detto finora, probabilmente hai capito che le differenze culturali hanno una chiara influenza sul linguaggio del corpo. Questo è ancora più valido quando si tratta della distanza sociale che si ritiene accettabile. Prima di tutto, c'è la distanza intima, che è di soli 45 cm. Solo conoscenti e amici stretti sono generalmente accettati a così piccola distanza. La distanza personale è compresa tra 45 cm e 1,2 m, utilizzata per incontrare nuove persone. Da questa distanza, puoi stringere la mano e realizzare una rapida analisi dell'altra persona.

La distanza sociale, tra 1,2 e 3,6 m, è quella comunemente usata tra individui per interazioni meno personali. La distanza sociale è considerata accettabile per le transazioni e le trattative commerciali. In tali situazioni, si raccomanda di parlare con una voce più alta e cercare di mantenere il contatto visivo in ogni momento. Infine, ma non meno importante, hai la distanza pubblica, tra 3,7 e 4,5 m, utilizzata dagli insegnanti e da altri oratori. A questa distanza, si otterranno maggiori informazioni dagli gesti fatti con le mani e le braccia, nonché dai movimenti della testa. Le espressioni facciali del relatore pubblico non sono così importanti, in quanto non sono altrettanto percepite dal pubblico.

Conclusione

Usiamo il nostro linguaggio del corpo inconsciamente. Trasmette molte informazioni sul modo in cui ci sentiamo e pensiamo. Come avete visto in questo libro, il linguaggio del corpo rappresenta quasi tutte le comunicazioni che avvengono tra gli umani. Comporta espressioni facciali del tipo più vario, gesti che sono comuni e rari, oltre a una vasta gamma di posizioni altamente suggestive.

Da tutto ciò che è stato scritto, probabilmente hai capito che le nostre emozioni e pensieri sono espressi in modo vivido attraverso segnali non verbali. A volte, non riusciamo a percepire questi segnali, a causa delle nostre differenze culturali. In tali situazioni diventa essenziale prendere coscienza della sensibilità culturale e cercare di metterci nei panni dell'altra persona.

Usiamo i gesti per dire agli altri che ci piacciono e li accogliamo nel nostro spazio personale. Allo stesso tempo, abbiamo una vasta gamma di altri gesti, riservati a coloro che non amano e chiaramente non vogliono intromettersi nel nostro spazio personale. La stretta di mano è più di un gesto usato per il saluto, con una miriade di significati, come probabilmente avete notato. Sorridere e ridere può garantire un'interazione riuscita, suggerendo all'altra persona che stiamo bene e bene con il suddetto incontro.

Ricorda sempre che il tuo corpo ha la sua voce e che puoi educare quella voce, al fine di trasmettere le giuste informazioni. Non aver paura di conoscere la comunicazione ingannevole e come identificare i segnali non verbali che altre persone usano quando mentono. Rispetta lo spazio intimo dell'altra persona e mantieni il contatto visivo, ogni volta che sei interessato a qualcuno.

Parte 2

Introduzione

Il linguaggio del corpo è la guida definitiva per acquisire competenze basate sulla ricerca che ti consentiranno di capire meglio la psicologia del linguaggio del corpo. Imparerai ad avere maggiore consapevolezza sia delle sfumature del tuo linguaggio del corpo (interiori ed esteriori), sia di quelle del linguaggio del corpo degli altri, per migliorare la tua vita privata e professionale.

Questo libro è stato scritto da una psicologa professionista ed è fondato su conoscenze cliniche, strumenti basati su dati concreti e ricerca.
Il linguaggio del corpo è molto più di un semplice libro: è un programma che ti aiuterà a padroneggiare nella vita quotidiana le tecniche psicologiche del linguaggio del corpo.

Gli argomenti trattati includono:

La psicologia del linguaggio del corpo
Come comportarsi quando si è sotto pressione
Microespressioni
Simulazione
Come fare in modo di piacere a qualcuno
Il linguaggio del corpo dei leader
Prime impressioni
Come instaurare velocemente rapporti interpersonali
Come ottenere il lavoro, il cliente, la promozione o l'affare dei nostri sogni
Come veniamo influenzati dalla nostra comunicazione non verbale
Come dare una migliore immagine di noi stessi attraverso il linguaggio del corpo
e altro ancora...

La psicologia del linguaggio del corpo

Cosa ti sta comunicando il mio linguaggio del corpo? Cosa mi sta comunicando il tuo? Sono in molti a porsi queste domande quando si parla di come percepiamo gli altri.

Esistono numerose ricerche a riprova del fatto che analizzare il linguaggio del corpo sia un modo efficace di osservare come giudichiamo gli altri. Infatti, tutti noi formuliamo giudizi basandoci sul linguaggio del corpo. Questi giudizi possono influenzare la scelta della persona che assumeremo, quella a cui daremo una promozione e quella con cui decideremo di uscire. I gesti possono nascondere una bugia o far concludere un affare e un certo modo di salutare può aiutare ad ottenere un lavoro. Il linguaggio del corpo può influenzare ogni settore della tua vita. In questo libro analizzeremo il corpo, il viso e la voce per rivelarne i segreti e i significati nascosti.
Nel mondo di oggi quello che diciamo è importante, ma a volte non siamo in grado

di recepire il messaggio completo. Infatti quando comunichiamo con gli altri solo il 70 per cento della comunicazione è verbale, mentre il 93 per cento di ciò che percepiamo è non verbale. Quando ci riferiamo alla comunicazione non verbale pensiamo a come veniamo giudicati e a come giudichiamo gli altri. D'altra parte, anche noi stessi veniamo influenzati dalla nostra comunicazione non verbale.

Microespressioni, postura e stretta di mano influenzano il modo in cui percepiamo e veniamo percepiti dagli altri e nonostante i nostri migliori sforzi, la verità spesso può trapelare. Il linguaggio del corpo ha origine nel tronco encefalico ma anche il sistema limbico nel nostro cervello è coinvolto nella sua elaborazione. Ad un certo punto, come è avvenuto per molti animali, anche noi abbiamo sviluppato la capacità di comunicare in modo non verbale ed è poi rimasto il nostro modo principale di comunicare, specialmente per quanto riguarda la sfera emotiva. Charles Darwin scrisse per primo riguardo all'universalità delle emozioni principalmente perché questo e altri aspetti di noi stessi legati alla sopravvivenza sono controllati dal sistema limbico del cervello.

Il sistema limbico è responsabile di procreazione, omeostasi, emozioni, identificare e reagire a potenziali pericoli e assicurare la nostra sopravvivenza. Le reazioni del sistema limbico sono immediate e logiche e sono le stesse per ognuno di noi, a prescindere dalla cultura di appartenenza, proprio perchè sono innate. Ad esempio a qualsiasi persona, appartenente a una qualsiasi cultura, verrà spontaneo evitare di avvicinarsi troppo all'orlo di un precipizio per guardare giù. Il merito è del nostro sistema limbico, che ci spinge ad evitare situazioni pericolose.

I nostri pensieri, sentimenti e bisogni vengono elaborati dal sistema limbico ed espressi attraverso il linguaggio del corpo. Fin dalla nascita e per il resto della nostra vita, mostriamo infelicità, soddisfazione ed altre emozioni attraverso le nostre espressioni facciali e i nostri gesti. Quando vediamo qualcuno che amiamo, ad esempio, "ricalchiamo" il loro comportamento, le nostre pupille si dilatano e incliniamo la testa: il nostro sistema limbico sta esprimendo i nostri reali sentimenti attraverso il corpo, mediante la comunicazione non verbale corrispondente.

Modificare il nostro linguaggio del corpo inizialmente non ci verrà naturale. Controllare il linguaggio del corpo infatti richiede pratica e talvolta sarà necessario uscire dalla nostra comfort zone. Uno dei modi in cui impariamo è imitando dei modelli. Nel caso del linguaggio del corpo, dovremmo sforzarci di imitare quello di oratori, uomini d'affari e seduttori di successo, ecc. In definitiva, attraverso la psicologia del linguaggio del corpo, possiamo non solo cambiare il modo in cui ci vedono gli altri (simulando un certo linguaggio del corpo finché non ci viene spontaneo), ma anche, a lungo andare, cambiare il modo in cui vediamo noi stessi.

Durante questo viaggio otterrai le competenze necessarie per analizzare il linguaggio del corpo. Quando avrai finito di leggere questo libro, ogni momento che passerai con gli altri (sia nella vita privata che in quella professionale) sarà significativo e d'impatto. Il mondo del linguaggio del corpo non avrà più segreti.

Prime Impressioni

Dovremmo fidarci della prima impressione?
La ricerca nel campo della psicologia sociale sostiene che formuliamo molto velocemente opinioni durevoli sugli altri in base al loro comportamento. Ciò include in gran parte il linguaggio del corpo. Un incedere goffo può aiutarci a prevedere come una persona si comporterà, un

gesto, un'espressione facciale o la postura possono convincerci che possiamo aspettarci qualcosa di simile in futuro. Detto questo, è anche vero che siamo in grado di cambiare opinione in base a nuove informazioni. Fortunatamente quindi, un "aggiornamento" delle nostre impressioni iniziali può modificare una prima impressione negativa. Tuttavia, cambiare opinione può richiedere tempo, perciò è molto più semplice essere consapevoli del linguaggio del corpo per fare buona impressione fin dal primo momento.

A prescindere da quanta preparazione preceda l'incontro con qualcuno, l'ansia può sempre prendere il sopravvento. Ci potrà sembrare che, nonostante tutti i nostri sforzi, alcune delle persone che incontriamo non siano particolarmente colpite da noi. Per quale motivo? E quanto tempo abbiamo per fare buona impressione? La risposta è che abbiamo pochissimo tempo, quindi è davvero importante essere consapevoli del nostro linguaggio del corpo.

Il nostro cervello, che noi ce ne rendiamo conto o no, archivia continuamente informazioni per richiamarle alla memoria. Questo processo viene detto "pattern recognition" (riconoscimento di forme) e fa parte delle tecniche di sopravvivenza degli esseri umani. Ogni volta che incontriamo qualcuno per la prima volta entriamo in modalità riconoscimento di forme: osserviamo le caratteristiche fisiche, il linguaggio del corpo e qualsiasi altro indicatore che possa aiutarci a valutare quella persona. Il nostro cervello la confronta con tutte quelle che abbiamo incontrato fino a quel momento e in pochi secondi si fa un'idea di che tipo di persona possa essere. È interessante osservare che, come dimostra la ricerca, la nostra prima impressione tende ad essere quasi sempre esatta. Tuttavia, queste rapide valutazioni non funzionano sempre e non sono sempre d'aiuto. Inoltre, l'altra persona ci valuta in modo altrettanto veloce, per cui è di fondamentale importanza essere consapevoli dell'impressione che stiamo dando col nostro linguaggio del corpo.

Siamo in grado di decidere se qualcuno ci piace o meno in una frazione di secondo. Prendiamo queste decisioni inconsciamente, usando una parte del cervello che si chiama tronco encefalico. Il tronco encefalico valuta rapidamente ogni cosa intorno a noi e decide se avvicinare o lasciare perdere una determinata persona, in base al loro comportamento. Il nostro cervello ha categorie per chiunque ci circonda. Il tronco encefalico può percepire una persona come potenziale amico, nemico o partner sessuale in base a rapide valutazioni: mi somiglia? siamo simili? mi piacciono i suoi capelli? Così come prestiamo attenzione alle persone che percepiamo come potenziali amici o partner, prestiamo attenzione anche a coloro che percepiamo come nemici, seppure con maggiore prudenza. Inoltre, tendiamo a non concentrarci su coloro che inconsciamente percepiamo come non appartenente a nessuna delle due categorie e nei cui confronti finiamo per provare indifferenza. Molto spesso, la prima volta che incontriamo qualcuno proviamo indifferenza nei suoi confronti, ma il nostro compito è quello di renderci indimenticabili in maniera positiva.

Instaurare rapporti interpersonali

Uno dei modi più ovvi per instaurare un rapporto con qualcuno è sorridere.
Tuttavia esiste un modo di sorridere appropriato, in modo da ispirare fiducia e spingere l'altra persona ad imitarci che consiste nello strizzare leggermente gli occhi, poiché sorridere anche con gli occhi è importante per trasmettere autenticità. Il sorriso ideale si sviluppa in tre secondi e si mantiene per tre secondi. Subito dopo dovremmo alzare e abbassare rapidamente entrambe le sopracciglia per suscitare nell'altra persona la sensazione

di essere amici o amici di famiglia. Ciò infatti innesca una reazione nel cervello primitivo che darà loro la sensazione di averci già conosciuto e giudicato positivamente.

L'IMPORTANZA DELLA STRETTA DI MANO

La stretta di mano non è un gesto universale, infatti non tutti si stringono la mano quando si incontrano. Tuttavia, in alcuni contesti è decisiva. Quando incontriamo qualcuno per la prima volta decidiamo nei primi 4 minuti se vogliamo ascoltarli o respingerli insieme al loro messaggio. La stretta di mano può evocare diverse sensazioni, una delle quali può essere: "Potrei andare d'accordo con questa persona". Al contrario, potremmo istintivamente pensare: "Questa persona non mi ispira fiducia".

Durante la stretta di mano, l'angolazione è importante: se stringendo la mano a qualcuno la loro mano copre il dorso della nostra sarà molto probabile avvertire la sensazione istintiva che la persona stia cercando di dominarci, e avremo ragione. In teoria, a meno che non stiamo cercando di vincere una competizione politica, la nostra mano non dovrebbe essere né al di sopra né al di sotto di quella dell'altra persona.

Dovremmo considerare l'impatto che le nostre mani possono avere, sia che ci stiamo preparando per un appuntamento, un incontro d'affari o una presentazione. La stretta di mano è l'espressione di quanto sia aggressiva o passiva una persona, di quanto sia potenzialmente pericolosa, vivace o energica. La persona a cui stringiamo la mano verificherà se la nostra stretta è passiva, aggressiva, amichevole o minacciosa. Una stretta di mano debole indicherà che la persona non è coinvolta oppure è annoiata e disinteressata. Durante una stretta di mano appropriata la pressione applicata dovrebbe essere pari a quella applicata dall'altra persona, in base a una tecnica che si chiama tecnica del ricalco ed è utile per aiutarci ad instaurare rapporti.

Se i palmi delle mani non si toccano, la stretta di mano ci farà sentire a disagio. Ci potrà infatti capitare di cogliere un alzata di occhi al cielo (in segno di disgusto) se non tocchiamo il palmo della mano dell'altra persona. Quindi, quando stringiamo la mano assicuriamoci di premere il palmo della nostra mano su quello dell'altra persona.

In una frazione di secondo possono essere decise anche gradevolezza e attrazione. Un linguaggio del corpo caratterizzato da gesti aperti fa capire che non abbiamo nulla da nascondere. Ogni bravo oratore (sia ad una riunione che ad un appuntamento) si esprime col cuore gesticolando ogni tanto in direzione di esso. È anche importante gesticolare un attimo prima di fare un'affermazione. Quando diciamo la verità infatti, gesticoliamo circa mezzo secondo prima di parlare, quindi per apparire sinceri dobbiamo fare lo stesso.

Dovremmo invece evitare di strofinarci le mani o una qualsiasi parte del corpo, poiché toccare noi stessi è sintomo di essere a disagio. Ricordiamoci di entrare in sintonia tramite il contatto visivo, badando a trasmettere sicurezza in noi stessi ma non arroganza.

Mostrare le mani indica che la persona "viene in pace". Un linguaggio del corpo caratterizzato da gesti aperti indica che la persona non è un predatore, quindi evitiamo di coprire la nostra pancia quando interagiamo con qualcuno. Vogliamo dare l'idea di essere persone oneste e piacevoli da avere accanto. Le mani lungo i fianchi danno l'idea di una persona "addormentata" e distaccata, quindi è un errore che dovremmo evitare. Le mani dovrebbero essere sollevate (e con i palmi verso l'alto) per esprimere partecipazione e sincerità. L'ideale sarebbe gesticolare ad altezza dello stomaco senza bloccarne la vista. È importante concentrarsi su come esprimiamo il contenuto più che sul contenuto di per sé e chiederci cosa possiamo fare per valorizzare ciò che vogliamo esternare, in modo da creare rapporti e trasmettere il nostro messaggio.

Un esercizio per te:

Studia il tuo corpo in questo momento. Stai incurvando la schiena? Stai incrociando le caviglie? Sei sdraiato? Ti stai stringendo un braccio? Cosa stai facendo proprio oracol tuo corpo? Scrivi qui sotto le tue osservazioni.

_____
_____
_____
_____
_____
_____
_____
_____
_____

Il linguaggio del corpo dei leader

Il linguaggio del corpo dei leader si basa sulla dimostrazione di "forza" (ad esempio, più veloce è la nostra andatura più verremo percepiti come potenti). Tuttavia, non è solamente l'andatura a rivelare quanto una persona sia potente. La camminata veloce degli animali con le spalle che vanno su e giù, può essere un segno di potere. I tradizionali movimenti americani che simboleggiano potere comportano movimenti impercettibili al di sopra delle spalle che appaiono controllati. Rendersi conto di come funzioni il linguaggio del corpo dei leader può essere semplice, ma il linguaggio del corpo è spesso complesso e frainteso.

I leader di successo spesso hanno una capacità più elevata di riconoscere il linguaggio del corpo. Esiste sicuramente un collegamento fra la capacità di un venditore di leggere il linguaggio del corpo e la sua abilità nel vendere.

Un'altra capacità che posseggono i leader è quella di essere consapevoli del loro linguaggio del corpo. Sembrano conoscere quale sia quello da poter utilizzare e quello da evitare a ogni costo. Anche afferrare qualcuno per il gomito è un gesto che esprime dominanza: colui che detiene il potere lo dimostra con un lieve tocco nei confronti dell'altra persona, come a dire "Sei un bravo bambino/a". La persona che si trova al centro in una fotografia ci appare come la figura più importante. I politici lo sanno bene e decidono dove posizionarsi per approfittarne.

Dovremmo evitare di esprimere emozioni negative attraverso il nostro volto (come ad esempio arricciare il naso e sollevare un lato del labbro, che è un'espressione di disgusto). Specialmente quando stiamo cercando di trasmettere un messaggio positivo, qualsiasi espressione facciale che esprime disgusto appare ovviamente contraddittoria e ambigua.

Sollevare il labbro esprime disprezzo e superiorità. È possibile vedere questa microespressione quando una persona sta per iniziare una trattativa. Un'altra capacità che hanno i leader è quella di essere in grado di suscitare un certo tipo di linguaggio del corpo negli altri adattando il loro modo di interagire con la persona, per ottenere la reazione che desiderano.

Se, guardando qualcuno, noterai che parlano mentre sono voltati da un'altra parte, cercando di tranquillizzarsi torcendosi le dita o guardano su e giù e sembrano agitati, ti renderai conto che non sono a loro agio.

L'ultima cosa che vogliamo durante una trattativa è che l'altra persona percepisca che siamo in qualche modo nervosi o a disagio. Come sappiamo, la comunicazione inizia ancora prima di aprir bocca. La prima impressione di noi che ha qualcuno è data dalla nostra postura e dalla posizione che assumiamo.

Probabilmente è abbastanza ovvio dirlo, ma dovremmo essere rivolti verso i nostri ascoltatori. È inoltre importante essere consapevoli della nostra posizione rispetto allo spazio, l'ideale sarebbe trovarsi al centro della stanza o del palco, evitando di posizionarsi negli angoli. Anche non essere rivolti verso la finestra è importante, in modo da non distrarsi guardando all'esterno, apparendo così distaccati e annoiati. Le mani dovrebbero essere sempre visibili e mai in tasca, poiché è difficile trasmettere un messaggio forte in questa posizione.

Colui che detiene il potere lo dimostra facendo varcare la soglia per prima all'altra persona: l'ultimo ad entrare, uomo o donna che sia, è il più forte. Anche osservando degli amici che si incontrano, le sottili sfumature del linguaggio del corpo possono rivelare chi di loro detenga maggiore potere. Se qualcuno sta ospitando gli altri a casa sua, può rivelarsi molto "territoriale", entrando per ultimo e guidando gli ospiti all'interno posando loro una mano sulla schiena, un'espressione di dominanza.

Posizioniamoci con le gambe aperte alla larghezza dei fianchi e gesticoliamo ai lati dello stomaco con i palmi rivolti verso l'alto per ispirare fiducia nei nostri ascoltatori o in chiunque abbiamo di fronte. Alcuni ritengono che dovremmo gesticolare solo all'altezza dei fianchi, tuttavia, se vogliamo cercare di creare una connessione sarebbe più saggio gesticolare all'altezza della pancia e in su, facendo attenzione a non coprire la pancia mentre gesticoliamo. Ciò infatti potrebbe farci percepire come non a nostro agio o come qualcuno di cui non ci si possa fidare.

Secondo le ricerche, quando un oratore chiede agli spettatori di fare qualcosa, l'84 per cento degli spettatori esaudirà la richiesta se questi sta gesticolando con i palmi rivolti verso l'alto. Al contrario, se l'oratore gesticola puntando il dito verso di loro, solo il 28 per cento degli spettatori asseconderà la sua richiesta. Per questo motivo, evitiamo di puntare il dito verso gli spettatori o la persona con cui stiamo parlando. Per finire, cerchiamo di assicurarci che i nostri gesti appaiano naturali e sciolti. Quando partecipiamo ad un incontro in qualità di oratori e presentatori, è facile concentrare la nostra attenzione sul nostro linguaggio del corpo dimenticandoci del linguaggio del corpo di chi ascolta il messaggio, ma la nostra responsabilità è anche quella di percepire i segnali delle altre persone.

Negoziare

Quando stiamo negoziando con qualcuno dobbiamo essere consapevoli del linguaggio del corpo. L'atto del negoziare è spesso accompagnato da eccitazione, disgusto, disprezzo, e talvolta ambiguità. Sarebbe bene conoscere il linguaggio del corpo dell'altra persona in circostanze normali. A tale scopo, è molto utile guardare un video della persona prima di iniziare a negoziare.

Durante la trattativa è importante evitare di strizzare troppo gli occhi, mantenere il contatto visivo quando ci presentiamo, stringere la mano con la stessa forza dell'altra persona e muovere tre volte la mano su e giù durante la stretta. Ricordiamoci inoltre di tenere presente la prossemica: la distanza di sicurezza è di circa un metro. Posizionarsi più vicino di così ci farà percepire come invadenti e più lontano come distanti. Vogliamo inoltre evitare di sederci direttamente di fronte all'altra persona. L'ideale sarebbe trovarsi ad un minimo di angolazione, pur sempre fronteggiando la persona con tutto il nostro corpo.

Poiché le trattative solitamente si svolgono faccia a faccia, molti messaggi vengono inviati e ricevuti non attraverso il dialogo. Questi messaggi vengono espressi attraverso il nostro comportamento, come l'arrivare in ritardo o in orario, i vestiti che scegliamo di indossare, le espressioni facciali, la postura e i gesti. Un uso efficace del linguaggio del corpo può fare la differenza nel trasmettere il messaggio nel modo migliore possibile.

È importante iniziare la trattativa ponendosi in maniera cordiale, poiché un'apparenza amichevole nasconde i nostri veri obiettivi. Cerchiamo quindi di mettere l'altra persona a proprio agio comportandoci in maniera amichevole ma senza esagerare. Dopo aver salutato l'altra persona ed esserci seduti cerchiamo di apparire imparziali e rilassati durante la trattativa e cerchiamo di fare in modo che il nostro viso non ci tradisca. Una persona con la cosiddetta "faccia da poker" è difficile da decifrare. Tuttavia la mancanza di contatto visivo può farci percepire come disonesti o disinteressati. Se sono presenti altri membri del team con cui stiamo negoziando assicuriamoci di mantenere il contatto visivo anche con loro oltre che con il negoziatore principale, in modo da non alienarci le loro simpatie.

Cerchiamo di esporre la nostra offerta iniziale con un atteggiamento calmo, un volto neutrale o amichevole, inclinando il nostro corpo in avanti. Facciamo inoltre attenzione a parlare con chiarezza e non troppo velocemente altrimenti potremmo sembrare in ansia. Ricordiamoci di dimostrare sorpresa quando ascolteremo la controproposta: ciò indicherà che ci troviamo al di fuori della nostra comfort zone. Se incliniamo il nostro corpo all'indietro esprimiamo disinteresse, mentre inclinando il corpo in avanti il contrario, quindi ricordiamoci di farlo per esprimere il nostro interesse all'altra persona.

Se vogliamo fare capire che la nostra offerta è quella definitiva e vogliamo assicurarci che l'altra parte ci creda è importante sottolinearlo anche con i gesti, per esempio gesticolando un mezzo secondo prima di parlare e non dopo. Gesticolare mezzo secondo prima di parlare è importante per apparire naturali.

Se ciò che stiamo dicendo è vero, infatti, noteremo che iniziamo a gesticolare proprio un attimo prima di aprire bocca. Le risposte limbiche autentiche di disagio o benessere si riflettono sul corpo, perciò ricordiamoci di cosa sia noi che gli altri comunichiamo attraverso di esso.

Incoraggiare positivamente durante una trattativa

Durante una trattativa possiamo trasmettere il messaggio che desideriamo attraverso i gesti e le espressioni facciali. Se la controparte sembra essere d'accordo con noi e accenna al prezzo che effettivamente vogliamo dobbiamo cercare di incoraggiarla. Per fare ciò possiamo annuire o sorridere sinceramente. Ricordiamoci però di imitare gli atteggiamenti degli altri solo quando utilizzano un linguaggio del corpo aperto. Per ottenere ciò che vogliamo inoltre, prestiamo attenzione a come gesticoliamo. Studi dimostrano che quando chiediamo qualcosa a qualcuno con i palmi rivolti verso l'alto è di gran lunga più probabile che l'altra persona ci assecondi. Quindi, non indicare la persona con le dita e non gesticolare coi palmi rivolti verso il basso ci aiuterà a ottenere ciò che vogliamo.

Gestire la pressione

Durante situazioni di forte pressione noterai dei segnali che ti invia il tuo corpo: stare in piedi con le mani dietro la schiena, stringere i polsi e strofinare le dita equivalgono a dire a te stesso "posso farcela a superare questo momento". Sebbene siano metodi efficaci per auto tranquillizzarsi possono però trasmettere all'altra persona il messaggio che non siete a vostro agio o siete disonesti o entrambe le cose. Questi atteggiamenti rivelano che la persona si sente sotto pressione e sta provando livelli di ansia moderati o elevati, che potrebbe nascondere qualcosa e non vuole dover rispondere a domande difficili.

Quando qualcuno fa un'affermazione e immediatamente dopo ritratta ci rendiamo conto che non stanno dicendo la verità. Per esempio, se una persona dice qualcosa e subito dopo indietreggia e incrocia le braccia il loro linguaggio del corpo ci sta rivelando che sono sulla difensiva, e possiamo essere certi che non siano stati onesti in quel momento della conversazione.

Il linguaggio del corpo di ognuno di noi è diverso. Ognuno infatti ha delle proprie precise caratteristiche, per cui gli studiosi del linguaggio del corpo guarderanno cosa è normale per una determinata persona in determinate situazioni. Analizzeranno come si comporta la persona quando le vengono rivolte domande neutrali riguardo alla sua vita e in questo modo, avranno una base da usare come confronto per le domande successive. È un po' come quando un investigatore che sta indagando su un crimine si chiede quale sarebbe la reazione naturale per qualcuno a cui viene rivolta la stessa domanda (per esempio se abbiano ucciso o meno il proprio partner).

Quando siamo nei guai, tendiamo a coprire i nostri occhi. I personaggi famosi che non vogliono ricevere attenzioni indesiderate indosseranno gli occhiali sia di giorno che di notte. Essendo costantemente osservate le figure pubbliche spesso hanno bisogno di consigli da parte di professionisti del linguaggio del corpo. I politici, come le celebrità, sono sempre al centro dell'attenzione. Alcuni di loro sono geniali: quando commettono degli errori regrediscono e si comportano da bambini, il che è divertente e adorabile. Nel 1960 Nixon e Kennedy erano candidati alla presidenza. Quello fra i due fu il primo dibattito trasmesso in televisione e fu il momento in cui entrambi realizzarono che dovevano concentrarsi sull'immagine che trasmettevano in video. Durante il dibattito in televisione Nixon apparve meno controllato rispetto a Kennedy. Il secondo aveva accettato di essere truccato, mentre Nixon aveva rifiutato e iniziato a sudare. Per gli ascoltatori radiofonici a vincere il dibattito fu Nixon, mentre per gli spettatori del dibattito televisivo fu Kennedy, il quale apparve visivamente più composto e sicuro agli elettori che ebbero modo di osservare ogni loro mossa mentre erano sotto pressione.

Il linguaggio del corpo è una componente fondamentale per qualcuno che sta cercando di dare una determinata immagine di sé. Molto spesso un consulente di linguaggio del corpo chiederà al cliente "Chi è una persona che lei ammira?" Quando le persone si sentono minacciate tendono a ingobbirsi, mentre in condizioni normali starebbero dritti. Ci si può rendere conto di quando qualcuno si è "esercitato" poiché i loro gesti non appaiono naturali, sembra come se essi riflettano prima di compiere ogni gesto. Quando stiamo parlando è importante gesticolare un mezzo secondo prima di parlare e gesticolare all'altezza del cuore per apparire grati per l'applauso e trasmettere autenticità.

Esercizio per te:

Metti in pratica per due minuti un paio di tecniche del linguaggio del corpo che hai imparato finora e scrivi come ti fanno sentire (calmo, sicuro, forte, ecc..)

_____
_____
_____
_____
_____
_____
_____
_____
_____
_____
_____
_____
_____
_____
_____
_____
_____

Come gestire con successo situazioni difficili

Per dimostrare la tua integrità, il tuo volto, la tua testa, il tuo corpo e i tuoi gesti devono essere collegati. Se gesticoli in una direzione ma guardi in un altra c'è un'incongruenza e una "disconnessione", il che potrebbe far sembrare alle persone che tu stia cercando di ingannarle.

Per la polizia essere in grado di decifrare il linguaggio del corpo può essere una questione di vita o di morte. Gli ufficiali di polizia valutano costantemente gli individui sulla base del loro linguaggio del corpo. La prima cosa che guardano sono gli occhi, se la persona è irrequieta, muove le mani o guarda spesso nello specchietto retrovisore. Questi sono segnali che una persona potrebbe essere colpevole. Le mani in tasca rivelano che la persona è nervosa riguardo ciò che sta per succedere, che sta per diventare aggressiva o per tirare fuori qualcosa dalla tasca. Battere le mani è uno degli ultimi segnali che vedremo in una persona che sta per attaccare. È importante per gli ufficiali di polizia essere in grado di comprendere il linguaggio del corpo in modo da riconoscere potenziali minacce e prevenirne le conseguenze. In alcune situazioni sarà necessario valutare il linguaggio del corpo in una frazione di secondo.

I ricercatori hanno analizzato ognuna delle migliaia di espressioni che appaiono sul volto e le hanno decodificate. Il dottor Paul Ekman ha condotto uno studio che confronta le espressioni facciali attraverso le diverse culture. Questo studio ha confrontato le emozioni espresse attraverso le espressioni facciali in Giappone e Nuova Guinea e nei paesi occidentali. Lo studioso ha filmato persone che mostravano espressioni di tristezza, sorpresa, disprezzo, felicità, rabbia, paura e disgusto. Questa ricerca ha avuto un grande impatto nello studio del linguaggio del corpo: oggi abbiamo infatti un lettore di espressioni facciali che utilizza le sette emozioni base individuate da Ekman per mappare i muscoli della faccia e leggere le espressioni facciali. Ogni espressione esprime un diverso grado di emozione (disgusto ecc..). Il lettore di espressioni viene utilizzato per la pubblicità e la sicurezza. Il volto comunica molto di più che attraverso le sette emozioni base. Reagiamo sia consapevolmente che inconsciamente alle espressioni che vediamo sul volto degli altri.

I nostri occhi dicono molto più di ciò che pensiamo, ad esempio quando siamo emozionati si dilatano. I giocatori di poker non vogliono che sia possibile notare la loro emozione e nascondono gli occhi guardando in basso o indossando occhiali da sole. Ma tornando alle sette emozioni universali: le emozioni sono evidenti sul nostro volto, ma siamo anche in grado di simularle. Se l'emozione dura più di un secondo sul volto è infatti molto probabile che la persona stia fingendo. Un altro chiaro segnale che la persona sta mentendo è il rovesciare la lingua.

Quando stiamo mentendo tendiamo a effettuare con le nostre mani movimenti che normalmente non faremmo. Il primo è coprirsi la bocca, il secondo è grattarsi il naso. Grattiamo il naso quando mentiamo perché la nostra adrenalina aumenta provocando prurito. Quando stiamo mentendo o siamo stressati tendiamo anche a strofinare il collo o le orecchie. Lo stress è spesso un segnale di menzogna. Di solito prima gesticoliamo e dopo parliamo, invece quando stiamo mentendo prima parliamo e dopo gesticoliamo. Uno dei più famosi esempi di questo atteggiamento è quello dell'ex presidente Bill Clinton quando dichiarò "Con quella donna non ho mai avuto rapporti". Clinton gesticolò dopo aver fatto quell'affermazione, un chiaro segnale che stesse mentendo secondo gli esperti del linguaggio del corpo. È importante inoltre analizzare la direzione verso cui si muovono le mani, quella verso cui sono rivolti i palmi e il tempismo del movimento. Quando stiamo mentendo, tendiamo a muovere le nostre mani in modo diverso dal solito. Quando qualcuno sta mentendo tenderà infatti a nascondere i palmi mettendo le mani in tasca, dietro la schiena o gesticolando con i palmi rivolti verso il basso. In conclusione, diciamo moltissimo anche senza effettivamente dire nulla.

Quando cerchiamo di controllare il nostro linguaggio del corpo per mentire, molti di noi si concentrano sulle espressioni facciali e sulla parte superiore del corpo, spesso dimenticando cosa stiamo facendo con i nostri piedi e cosa gli altri stiano facendo con i loro. Incrociare le gambe, i piedi o le caviglie rivela che la persona non è a suo agio riguardo ciò che sta dicendo e può anche essere un segnale che la persona stia nascondendo informazioni importanti. Sei una persona sposta il peso da una gamba all'altra o si dondola avanti indietro è sicuramente nervosa e non a proprio agio. Anche un eccessivo muovere i piedi è un segnale di disagio e indica che la persona sta cercando di calmarsi.

Gli uomini tendono di più a mentire per apparire potenti, di successo ed interessanti. Le donne tendono a mentire per proteggere gli altri, anche se questa non è ovviamente l'unica ragione. Se vogliamo scoprire se qualcuno desidera terminare una conversazione basterà guardare i loro piedi. La direzione verso cui sono puntati i piedi segnala quanto una persona voglia effettivamente parlare con un'altra. Se il busto di una persona è rivolto verso di te e il loro piede (o piedi) sono rivolti verso l'uscita, ciò indica chiaramente che la persona vuole terminare la conversazione. Al contrario se il peso è equamente distribuito su entrambe le gambe è un'indicazione dell'essere a proprio agio riguardo ciò che si sta dicendo e che credono nelle nostre affermazioni. Cerchiamo di non dimenticare mai l'importanza dei piedi quando vogliamo trasmettere onestà e quando vogliamo renderci conto se l'altra persona stia mentendo o meno. È importante trasmettere apertura attraverso il linguaggio del corpo, con una postura eretta e pochi movimenti dei piedi. Infine, quando qualcuno fa un'affermazione positiva ma al contempo scuote la testa è un chiaro segnale che la persona sta mentendo.

MICROESPRESSIONI

Siamo programmati per essere in grado di comprendere più di 3000 espressioni facciali. Le microespressioni sono quelle espressioni visibili per una frazione di secondo. Possono durare anche un venticinquesimo di secondo e rivelare come ci sentiamo in una determinata situazione o rivelare che una persona sta cercando di nascondere qualcosa. Le sopracciglia tenderanno ad andare verso il basso quando siamo arrabbiati perché siamo stati accusati di qualcosa che non abbiamo fatto. Al contrario, se veniamo accusati di qualcosa che effettivamente abbiamo fatto le nostre sopracciglia tenderanno ad andare verso l'alto, in segno di paura e sorpresa. Quando vediamo qualcuno serrare la mascella o allargare le narici può essere un segnale di aggressione.

Quando le persone sono sincere, ci adeguiamo a loro. Percepiamo le loro espressioni come non forzate e più genuine sia che essi esprimano rabbia tristezza o meraviglia. Pensare conduce alle emozioni e le emozioni portano al comportamento (o come in questo caso le microespressioni). Le emozioni si manifestano sul nostro volto come microespressioni.

LA VOCE

Il tono e la frequenza, la velocità e il ritmo sono tutti indicatori importanti. Il 38 per cento della nostra comunicazione è costituito dal tono di voce, infatti le persone giudicano gli altri semplicemente da quanto basso o alto suona il loro tono di voce. Le ricerche dimostrano che la voce di una donna influenza le parti legate alle emozioni del cervello di un uomo. Secondo gli studi più alto è il tono di voce di una persona e minore sarà la credibilità che gli viene attribuita. Questo è il motivo per cui i consulenti molto spesso consigliano ai politici di usare un tono di voce basso. La voce diventa naturalmente più bassa man mano che invecchiamo. Un buon oratore riuscirà a coinvolgere con il ritmo e la cadenza della sua voce, sembrerà quasi parlare a tempo. In modo simile a un predicatore battista inizierà con un tono di voce basso che man mano andrà in crescendo e, dopo una lunga pausa, continuerà ad aumentare. L'importanza di questa tecnica è che il contenuto acquista minore importanza mentre l'oratore ci "dirà" come dovremmo sentirci...

Mentre parliamo e pensiamo a cosa stiamo dicendo, i nostri cervelli inviano messaggi alla nostra laringe. Sono stati caratterizzati come inesattezze o possibili falsi in una tecnologia chiamata analisi della voce. Più alto è il numero di certi valori, maggiore è la possibilità di disonestà. Il modo in cui ti siedi, quello in cui ti vesti e cammini rivelano se sei un agnello o un lupo. È ironico quanto poco investiamo nell'effettivo contenuto. Quando c'è un contrasto fra le parole e il linguaggio del corpo dovremmo sempre credere a quest'ultimo.

Parte III

Il linguaggio del corpo per piacere ed attrarre

Come capire se piaci a qualcuno

Il pavoneggiarsi è il segnale che qualcuno sta cercando di fare buona impressione su di noi o che gli piacciamo. Pavoneggiarsi può essere un qualsiasi tentativo di aggiustarsi i vestiti o migliorare l'aspetto. Alcune persone pensano che questo atteggiamento sia solo caratteristico delle donne ma non è così, entrambi i sessi compiono queste azioni calmanti. Gli uomini e le donne tipicamente si pavoneggiano quando sono attratti da qualcuno e quando vogliono fare buona impressione.

Sistemarsi i capelli, sia per gli uomini che per le donne è un esempio di pavoneggiarsi e può essere un gesto molto rapido (come il toccarsi rapidamente i capelli o buttarli all'indietro). Un altro esempio è quello di raddrizzare i vestiti, se vedete un uomo o una donna sistemarsi la maglietta o i pantaloni stanno sicuramente cercando di migliorare il loro aspetto.

Lisciarsi i vestiti indica inoltre il cercare di attirare l'attenzione su se stessi. Può essere il segnale che qualcuno vuole presentarsi al meglio o sta provando attrazione. Quando una persona è attratta da un'altra si aggiusterà spesso anche i gioielli. Un uomo sistemerà il suo orologio o i gemelli, una donna potrebbe sistemare il suo orologio, la sua collana o gli orecchini.

Gli indicatori di interesse sono segnali del linguaggio del corpo che indicano che una persona prova interesse per un'altra. Il verificarsi di un segnale di approccio (come uno dei gesti discussi precedentemente) è un modo per invitare l'altra persona a presentarsi. L'uomo gonfierà il petto o troverà il modo di occupare più spazio con le sue braccia o gambe. Sia gli uomini che le donne tenderanno a guardare molto negli occhi. Gli studi infatti dimostrano che guardiamo le persone da cui siamo attratte più a lungo rispetto a quelle da cui non lo siamo. Le persone che sono attratte da noi cercheranno di trovare scuse per sfiorarci e starci più vicino, come toccarci nella parte bassa della schiena, l'uomo potrebbe allargare le spalle e la donna ancheggiare mentre cammina in modo da mostrare le curve del suo corpo.

È importante per gli uomini ricordarsi di non approcciare le donne alle spalle, poiché questo le metterebbe sulla difensiva, è bene avvicinarsi lateralmente o frontalmente. Gli uomini tenderanno ad approcciare più facilmente una donna che sembra disponibile. Questo significa una donna che sorride, ha un linguaggio del corpo aperto, mostra il collo, rivolge il suo sguardo ai lati dell'uomo. La ricerca dimostra che gli uomini non percepiscono il linguaggio del corpo tanto bene quanto le donne. Gli uomini non riescono a percepire i segnali del linguaggio del corpo almeno una media di tre volte in una determinata situazione. Questo significa che è molto importante per una donna che stia cercando di attrarre un uomo di utilizzare almeno tre segnali di disponibilità per far capire all'uomo il suo interessamento.

Le persone a cui piacciamo inclineranno la testa e sorrideranno. Le donne che sono attratte da un uomo inoltre, porteranno l'attenzione sul loro collo, esponendo in questo modo dei feromoni. Inoltre ciò attira l'uomo poiché mette in mostra la rotondità del volto della donna. Le donne toccheranno anche i loro capelli o li sposteranno all'indietro per segnalare che sono attratte da qualcuno. Quando le donne sono eccitate massaggeranno con le dita la parte superiore del loro busto, proprio alla base del collo. Se una persona è presa da noi, il loro busto sarà orientato verso di noi. Le donne potrebbero alzare gli occhi e abbassare le palpebre. Che tu sia un uomo una donna, se stai cercando di trasmettere una sensazione di potere, dovrai cercare di occupare più spazio possibile sia con i gomiti che allargando le gambe se sei in piedi o incrociando le gambe con un piede sul ginocchio da seduti ecc. ecc.. Sia negli uomini che nelle donne gli occhi si dilateranno quando trovano una persona attraente. Se stai cercando di iniziare una relazione con qualcuno è importante mantenere un linguaggio del corpo aperto (quindi non incrociare le braccia) e avere un volto espressivo. Rilassa le tue mani e gesticola con i palmi verso l'alto e sorridi. In generale, le persone vedranno coloro che hanno un linguaggio del corpo aperto come più attraenti.

Come piacere a qualcuno

La ricerca dimostra che le persone possono effettuare confronti istantanei tra due persone che si trovano una vicino all'altra e decidere chi è più competente. Durante uno studio ad alcune persone sono stati necessari solo pochi secondi per scegliere chi fosse il più competente tra le fotografie di candidati politici. Più del 70 per cento dei volti che sono stati scelti si sono rivelati essere quelli di coloro che poi sono stati eletti. Le espressioni che comunicano competenza sono innanzitutto un sorriso sincero, quello che definiremmo "un bel sorriso". È stato dimostrato che non sorridere trasmette una sensazione di minore competenza. Anche il contatto visivo è un segno di competenza.

Alle persone piacciono coloro che sembrano simili a loro. Quando due persone si piacciono inconsciamente iniziano a imitare o a riprodurre il linguaggio del corpo dell'altra persona. Sfruttando questa conoscenza possiamo volontariamente iniziare a imitare o riprodurre il linguaggio del corpo di qualcuno in modo da indurli ad apprezzarci. Questa tecnica può essere efficace quando stiamo cercando di piacere a un collega, a un intervistatore, a un conoscente, sia in maniera romantica che amichevole.

La ricerca scientifica afferma che i neuroni specchio esistono. In qualità di esseri umani noi ci imitiamo l'un l'altro. Uno dei modi migliori per essere accettati in un gruppo è quello di copiare gli atteggiamenti, il tono di voce, i gesti degli altri, ecc.. Tuttavia, se qualcuno esibisce un linguaggio del corpo "chiuso" non è consigliabile imitarlo. Il nostro obiettivo è quello di portare le persone ad aprirsi nei nostri confronti, per cui non dovremmo scegliere un linguaggio del corpo che contraddice le nostre intenzioni. Se l'obiettivo è quello di fare aprire l'altra persona, per conquistarla o convincerla di un'idea ecc.. dovremmo cercare di apparire più aperti possibile per essere percepiti come sinceri e coinvolti, un pò come se dovessimo mostrare loro un esempio di come vorremmo si sentissero, fino a che il loro linguaggio del corpo imiterà il nostro. Sorridere, gesticolare in modo aperto, annuire: ogni volta che l'altra persona esibirà un comportamento aperto risponderemo sorridendo ancora di più, imitando il loro comportamento positivo. Questo a sua volta, incoraggerà il loro linguaggio del corpo aperto col risultato di farli sentire più aperti e mostrare più apertura.

È possibile imitare il modo di respirare di qualcuno, il tempismo dei gesti, quasi tutto quello che fanno. Ma ricordiamo di non farlo in maniera ovvia. Se vediamo qualcuno prendere il bicchiere, prendiamo il nostro, se si inclinano leggermente facciamolo anche noi. La ricerca dimostra che "sincronizzarsi" con le persone rende molto più facile eliminare le barriere e piacere a chiunque ci circonda.

Come veniamo influenzati dalla nostra comunicazione non verbale

Espressioni non verbali di potere possono avere un forte impatto sia nella nostra vita privata che in quella professionale. Quando ci stiracchiamo occupiamo spazio ed esprimiamo dominanza, quando mettiamo le mani dietro la testa e andiamo all'indietro esprimiamo dominanza. Facciamo tutto ciò naturalmente e spontaneamente quando abbiamo potere e anche quando ci siamo sentendo potenti in un determinato momento. Quando ci sentiamo impotenti invece, ci chiudiamo e cerchiamo di renderci invisibili. Quando qualcuno esprime potenza attraverso segnali non verbali noi tendiamo a non imitarli, ma al contrario a renderci più piccoli: quando vediamo un esempio molto potente di comunicazione non verbale infatti, rimpiccioliamo i nostri corpi come risposta. Questo fenomeno sembra essere legato al sesso: le donne sono più portate a fare in modo che loro corpi occupino meno spazio degli uomini. Tuttavia pose che esprimono potere possono avere grandi benefici per coloro che le dimostrano.

Può quindi fingere di essere un leader farci sentire più potenti? La risposta è sì.

La nostra comunicazione non verbale influenza come ci sentiamo nei nostri confronti e rispetto a una determinata situazione. Quando ci sentiamo potenti andiamo a espandere il nostro linguaggio del corpo ed è anche vero che se espandiamo il nostro linguaggio del corpo (allargandoci e occupando più spazio) ci sentiamo più potenti. Gli individui potenti tendono a sentirsi più sicuri e più ottimisti e rischiano di più. Psicologicamente parlando, gli uomini alfa più potenti hanno alti livelli di testosterone e bassi livelli di cortisolo. Il potere non è solo testosterone ma anche più resistenza allo stress e cioè avere minori livelli di cortisolo in risposta a momenti di stress. Assumere un ruolo diverso può anche cambiare una determinata mentalità, e così il linguaggio del corpo.

Incrociare le braccia o ingobbirci e renderci più piccoli sono tutte pose che esprimono poco potere. L'allargare i gomiti verso l'esterno, gonfiare il petto ecc.. sono invece pose che esprimono potere. I cambiamenti ormonali configurano il nostro cervello per reagire di meno allo stress e sentirsi a proprio agio e potenti. Assumere posizioni che esprimono potere può cambiare la nostra vita in modo significativo, può essere utile quando stiamo facendo un discorso, proponendo qualcosa o stiamo facendo un colloquio di lavoro.

Solitamente prima di un colloquio di lavoro le persone tendono ad ingobbirsi, guardare il loro telefono, incrociare le braccia ecc.. In parole povere il loro linguaggio del corpo si "rimpicciolisce". Secondo la ricerca le persone che cercano di assumere pose che esprimono molto potere prima del colloquio vengono poi scelti per il lavoro. I fattori che influenzano l'assunzione di una persona possono essere il venire percepiti come appassionati, sicuri, entusiasti, autentici, a proprio agio ed interessanti. Possiamo dimostrare tutte queste caratteristiche attraverso linguaggio del corpo.

Possiamo letteralmente cambiare il nostro umore, il livello di di fiducia in noi stessi e per finire la nostra identità solo cambiando la nostra comunicazione non verbale.

Due minuti prima di partecipare a un incontro professionale o di trovarci in una situazione sociale, cerchiamo di allenarci ad avere una posa autoritaria. Anche se ci sentiamo a disagio, cerchiamo lo stesso di avere un linguaggio del corpo aperto in modo da instaurare rapporti e non perdere opportunità.

Sia negli affari che a casa o in una relazione, cerchiamo sempre di chiederci se noi e la persona con cui stiamo parlando stiamo esprimendo disagio o benessere. Concentrandoci su questo riusciremo a identificare problemi nascosti, o a verificare la validità di quello che viene espresso. Attraverso le nostre risposte limbiche (pensieri, intenzioni e sentimenti) trasmettiamo costantemente informazioni. Quasi sicuramente i comportamenti che vediamo apparterranno all'una o all'altra di queste due categorie (disagio o benessere) grazie alla parte relativa alle emozioni del nostro cervello: il sistema limbico.

Conclusione

I nostri pensieri influenzano il nostro linguaggio del corpo. Le persone sono inconsapevolmente e consapevolmente in grado di percepire cosa proviamo nei loro confronti, quanto ci stiamo trattenendo dall'esprimere e se ci piacciono o meno. Possiamo cambiare i nostri pensieri in modo tale che il nostro linguaggio del corpo rifletta spontaneamente la nostra mentalità oppure possiamo essere consapevoli di tutti segnali del linguaggio del corpo in modo mostrare solo ciò che vogliamo.

Il linguaggio del corpo può non solo cambiare le opinioni degli altri nei nostri confronti ma può anche aiutarci a influenzare positivamente come ci sentiamo rispetto a noi stessi e migliorare la nostra vita sentimentale e professionale.

Dopo questa lettura avete a disposizione gli strumenti necessari per capire la psicologia del linguaggio del corpo e come padroneggiare le tecniche per usarlo vostro vantaggio.
Grazie per aver letto fino a qui!

www.ingramcontent.com/pod-product-compliance
Lightning Source LLC
Chambersburg PA
CBHW071855070526
44583CB00016B/1703